FLEMMING ANDRÉ PHILIP RAVN

Fri for stress

(herunder PTSD)

Fri for stress (herunder PTSD)

"Breaking free from stress (including PTSD)" in Danish

Forlag/Publishing Houses: *BoD · Books on Demand GmbH, In de Tarpen 42, 22848 Norderstedt, Tyskland*

Tryk/Printed at: Libri Plureos GmbH, Friedensallee 273, 22763 Hamborg, Tyskland

TDM: Any use of this book for chatbots and AI is ILLEGAL!

ISBN: 978-87-4305-946-2

Flemming André Philip Ravn

Fri for stress
(herunder PTSD)

RAVN

Σπεῦδε βραδέως

Festina lente! = Il langsomt!

Oldgræsk og latinsk ordsprog

INDHOLDSFORTEGNELSE

FORORD 9

KAPITEL 1: Årsager til stress 11
KAPITEL 2: Akut stress 31
KAPITEL 3: Kronisk stress 39
KAPITEL 4: Stresssammenbrud 47
KAPITEL 5: Udbrændthed, arbejdsvilkår og arbejdsmiljø 57
KAPITEL 6: PTSD 83
KAPITEL 7: Stress og personlighed 105
KAPITEL 8: Unge, samfund og pres 115
KAPITEL 9: *Coping,* mestring 121
KAPITEL 10: Behandling og transition 127
KAPITEL 11: Kognitiv adfærdsterapi samt ACT 137
KAPITEL 12: Metakognitiv terapi 145
KAPITEL 13: Terapeutisk mindfulness, herunder MBSR 157
KAPITEL 14: Terapihave, naturterapi 175
KAPITEL 15: Prolonged Exposure Therapy 183

SLUTNOTER – REFERENCER 189

FORORD

Denne bog om stress – dens årsager, symptomer, behandlingsmuligheder, nyorientering og livsændrende potentiale – er skrevet ud fra et *psykologisk* og *eksistentielt* perspektiv. Bogen fokuserer på forskellige former for stress og udbrændthed, herunder PTSD – og kommer også ind på arbejdsmiljø, arbejdsglæde og trivsel.

Bogen er skrevet til lærere og elever/studerende på forskellige *uddannelser*. Man kan anvende bogen som baggrundsviden til en SSO eller SRP i faget Psykologi eller andre fag. Man kan ligeledes anvende bogen til undervisning på sundhedsuddannelser og lignende.

Frem for alt kan man bruge bogen *personligt*, hvis man selv eller en nær relation lider af stress og ønsker at læse om *copingstrategier*, behandling og muligheder for at komme videre og ud af stressens klør.

Jeg har haft den glæde at kunne spørge kyndige fagfolk i min vennekreds til råds om mange aspekter af stress samt behandling og formidling. Det er jeg meget taknemmelig for og vil derfor gerne takke følgende tre:

- Lektor e., cand.mag. **Jørgen Refshauge**
- Klinisk psykolog, cand.psych. **Ole Larsen**
- Lektor, cand.mag. **Esben Laursen**

Skulle der trods ihærdighed være fejl og mangler, er ansvaret alene forfatterens. Det er forfatterens ønske, at denne bog vil bringe inspiration til alle, der læser den, og viden om, hvordan man kan leve *fri for stress*. Enhver skal finde sin egen vej. God karma til alle!

KAPITEL 1: Årsager til stress

Mange mennesker har travlt, men dette at have travlt er ikke lig med stress i sig selv. Den erhvervsaktive del af befolkningen vil på ét eller andet tidspunkt blive udsat for et belastende psykisk arbejdsmiljø. Det er uundgåeligt. Strukturelt set er der sket en "fortravlning" i samfundet i de senere år, dvs. en acceleration af tempoet i samfundet såvel som skærpet konkurrence. Ledelsesrådgiver Charlotte Mandrup skriver dette:

> Vi lever så hurtige og komplekse liv, at vi ikke har tid til at være i nuet. Tankerne flyver, den indre dialog stopper aldrig, arbejdslivet er grænseløst, og vi er online, fra vi vågner, til vi går i seng. Vi har lister med ting vi skal gøre – uendelige lister. Vi har dårlig samvittighed og manglende lyst. [1]

De moderne strabadserende levevilkår er sammen med andre faktorer medvirkende til øget mistrivsel og stress i Danmark. Stress er en psykologisk og neurobiologisk. Selve ordet stress betyder "pres" og henviser til det emotionelle, kognitive og fysiske pres, mennesker oplever i bestemte situationer. Således har stress både en fysisk-kropslig side, en emotionel og en psykisk.

Alle har hørt om stress, og det er jo netop, fordi det er et stort samfundsproblem, som man ofte taler om, og som mange mennesker løber ind i. De fleste af os kender én eller flere, der er gået ned med stress, hvis vi da ikke selv har erfaret det på egen krop. Dårlig trivsel, problemer i privatlivet, dårligt psykosocialt arbejdsmiljø, usund virksomhedskultur, stress, angst og depression kan nemt blive til kæmpeudfordringer for den enkelte i vore dages samfund. Det ser desværre ud til, at stress er blevet en folkesygdom.

Ikke desto mindre er stress ofte en *skjult* lidelse. Den er først og fremmest *skjult*, fordi den stressramte *ubevidst* skjuler stresstilstanden for sig selv og bare arbejder videre, som om ingenting er hændt – uden at tage notits af tegn og væsentlige problematikker i sit liv. Man kan geråde ind i en situation, hvor man er blevet følelsesmæssigt *numb*, dvs. man kan ikke rigtigt mærke sig selv mere, fordi man er vant til at tonse derudad og bare køre *blindt* på autopilot uden at tage sig tid til at tage sig af sig selv. Man har en fast vilje til at klare tingene, og måske håber man, at problemerne går væk, når bare man arbejder videre.

Så mange som 46 pct. af danskerne lider af søvnproblemer, og over 400.000 danskere har hver dag symptomer på alvorlig stress – men desværre er det ofte den enkelte stressramte, der sidder med sorteper, for det er vedkommende selv, der lever med problemet, med smerten og fortvivlelsen. Denne bog er skrevet for at vise, at der er veje ud af stressen, og at man har mulighed for at få en ny og frisk start.

Som nævnt er stress ikke det at have travlt og føle sig presset en dag eller en uge. Stress er en snebold af mange begivenheder og situationer, der klumper sig sammen og kan udvikle sig til alvorlige tilstande, som man skal tage alvorligt – tilstande, hvor organismen på én eller flere måder er presset, og hvor man gradvist bliver mindre funktionsdygtig. Stress (herunder PTSD) viser sig at have en særdeles ugunstig, og måske endog invaliderende, virkning på menneskekroppen og på psyken. Der er ingen tvivl om, at stress slider, og det er *helbredsskadeligt* at være stresset i længere tid.

Det er blevet meget mere almindeligt, at mennesker åbner op og fortæller åbent om deres oplevelser med stress og stresssygemelding. Og det er bestemt en fordel, at stress ikke er så tabubelagt nu, som det var for mange for 50 år siden. På den anden side er trenden med mere åbenhed givetvis også en afspejling af, at rigtigt mange mennesker oplever stress og går ned med stress. Ak ja, stress er virkeligt et fremherskende fænomen i vores samfund i dag.

Folketingsmanden Jacob Mark (tidl. næstformand for SF), der selv har været nede med stress og har lidt af alvorlige eftervirkninger, skriver følgende om stress:

> I Danmark er vi mange, der har været syge af stress, og måske har vi ikke kun oplevet, at sygdommen tager glæden og lysten fra os, men også, at den kan sætte sig som spændinger, inflammationer, migræne, tinnitus, svimmelhed, mistet syn, pletter på hjernen, hjertebanken og hjertestop. Ikke desto mindre er stress ofte en sygdom, der bliver undervurderet og talt ned, og da jeg var allermest syg, oplevede jeg også, hvor skamfuld og tabubelagt den kan føles. [2]

Som det ses i citatet, kan stress have drastiske helbredsmæssige eftervirkninger. Og samtidigt sker det i visse miljøer, at stress og stresstilstande tales ned, forklejnes og hånes; men sådan bør det ikke være.

Det er selvfølgelig uhyre ubehageligt at gå ned med stress, men jeg er ikke sikker på, at det er så tabubelagt nu, som Jacob Mark skriver, og han taler også om følelsen *skam*. Man vil naturligvis helst ikke fremstå som en tøsedreng eller et tudefjæs – og der er givetvis nogle miljøer, hvor normen er, at mænd ikke må være sårbare. Det kan føles skamfuldt at være ham eller hende, der ikke kunne klare mosten – men dette med skam og tabu varierer nok fra person til person, og fra miljø til miljø – for når alt kommer til alt, er stress meget mere almindeligt i medierne og i samtaler mellem mennesker nu, end det var før i tiden. Således står kendte mennesker af og til frem i medierne med beretninger om deres stressnedtur, hvilket Jacob Mark også har gjort.

Det er givet, at højere hastighed, øget mediepres, krav om permanent tilgængelighed, nulfejlskultur og individualisering har givet de folkevalgte i Folketinget meget mere stressfyldte job nu end tidligere, men det samme gælder også uden for Christiansborgs vægge.

Det ændrer ikke på det faktum, at det er den enkelte selv, der sidder med sorteper, idet stress ofte opstår af faktorer, man ikke selv er herre over, f.eks. hvis man pålægges urimelige mængder af overarbejde, oplever en naturkatastrofe, har dårlige arbejdsforhold, skal passe et alvorligt sygt familiemedlem, befinder sig i en offentlig medieshitstorm eller firmaet er gået konkurs.

Stressens triade
Stress kommer til udtryk i følgende tre forhold:

1) Stress defineres som faktorer i omgivelserne, der påvirker individet.

2) Stress defineres som en individtilstand.

3) Stress defineres som hele det interaktionelle forhold mellem omgivelser og individ [3]

Alle tre forhold er korrekte, det kommer an på perspektivet – de kan variere i indbyrdes styrke fra stressbelastning til stressbelastning og fra person til person.

Mange danskere er sygemeldt med stress

Mange mennesker i Danmark oplever i dagligdagen et højt stressniveau – det er op mod en tredjedel af befolkningen, der oplever dette. Det er mange. Af denne andel er der dobbelt så mange kvinder som mænd, der oplever et højt stressniveau. Mange danskere har symptomer på alvorlig stress hver dag.

Praktiserende læger får mange henvendelser om stress; og stress er skyld i mange fraværsdage årligt. En del er sygemeldt med stress: Hver dag er faktisk omkring 35.000 voksne danskere sygemeldt med stress. Nogle er hospitalsindlagte med stress, andre er blevet førtidspensionister pga. stresstilstande og ikke sjældent stressrelaterede følgesygdomme. Statistikker peger på, at omkring 1400 danskere hvert år dør af stress, hvilket er så meget som fire danskere om dagen.

Ifølge en undersøgelse foretaget af Det Nationale Forskningscenter for Arbejdsmiljø (NFA), anslås det, at stresssygemeldinger koster danske arbejdspladser 16,4 mia. kroner om året. Stresssygemeldninger på danske arbejdspladser betyder 61,9 millioner tabte arbejdstimer. Det svarer faktisk til hele 37.335 fuldtidsstillinger, anslås det i undersøgelsen. [4]

Sygemeldinger pga. stress er en bekostelig affære og medfører et betydeligt tab i produktionen. Det kan opgøres i kroner og øre: Stress koster samfundet 55 milliarder kroner om året ifølge Lars Andersen, direktør for Arbejderbevægelsens Erhvervsråd (AE), ifølge oplysninger på AE's hjemmeside, marts 2024.

Dermed ses det, at ud over dårlig trivsel og forringet velvære hos de stressramte, er stress virksomheds- og samfundsøkonomisk set en dyr affære, fordi medarbejderes stressfravær og den deraf følgende nedsatte produktivitet koster store beløb på bundlinjen.

I visse professioner er stress meget udbredt, f.eks. inden for sundhed og pleje, undervisning samt transport. Der er mange årsager til stress, bl.a. dårligt psykisk og fysisk arbejdsmiljø. Professionsrelaterede job og stress uddybes i kapitel 5.

Når alt kommer til alt, har virksomheder meget at vinde ved at forebygge og formindske stress på arbejdspladsen eller i organisationen. De enkelte medarbejdere får et bedre arbejdsliv, får mere trivsel og bliver mindre stressramte. Men lederne skal være bevidste om de mekanismer, der kan føre til stress hos ansatte.

Multitasking

Multitasking er dette at gøre mange ting på én gang. Og en stressfyldt tilværelse kan blive en livsstil, hvor det er blevet en vane, at man søger at gøre mange ting på én gang. Der er naturligvis individuelle forskelle på, hvor meget den enkelte kan kapere at lave på én gang, altså *mental kapacitet*.

En persons mentale kapacitet kan svinge fra dag til dag, og fra situation til situation. Man kan sikkert godt passe børnene, mens man læser en rapport fra arbejdet, men ikke desto mindre kræver det alligevel en indsats – en vis hjerneenergi – at holde øje med og sikre sig, at de små ikke placerer fingrene på kogepladen, får et stykke gulerod galt i halsen eller spiser jord fra potteplanterne, mens man læser rapporten! Multitasking kan være befordrende for stressbelastning, hvis man multitasker for meget. Multitasking indebærer en konstant række af afbrydelser fra ét fokus til et andet – og ofte på samme tid – og dét er udmattende for hjernen. Man kan sige, at multitasking er det modsatte af fordybelse, fordi éns opmærksomhed er delt og rettet mod flere (fysiske) steder, produktionssekvenser eller faglige problemområder.

Hjernen kan blive overbebyrdet af stimuli – der opstår kognitivt *overload,* hvis man multitasker for meget, og man kan miste både koncentration og fokus. Ikke mindst derfor er det godt at holde nogle hjernepauser indimellem, for at give hjernen ro – *hjernero.*

Måske kunne det være nyttigt at indføre viden om nytten af hjernepauser på arbejdspladsen. Ligeledes kan det i løbet af en lang arbejdsdag være nyttigt at få noget afvekslende i stedet for blot at sidde travl foran en skærm med allehånde digitale input hele dagen.

Stress er en belastningsreaktion
Stress er ikke en sygdom i sig selv. Det er en *naturlig* og ikke særligt behagelig *belastningsreaktion*, som skaber en tilstand af manglende velvære og manglende trivsel hos den stressramte. De fleste mennesker kan klare en kortere periode med stress – men det er, når stress bliver kronisk, at det kan udvikle sig til visse alvorlige sygdomme.

Ordet "stress" er kommet til dansk fra engelsk og betyder "pres, belastning". Engelsk har fået ordet fra det latinske verbum *stringere,* der betyder "at stramme, at snøre sammen" – og med dette in mente får man nemt associationer til kvælning og kvælningsfornemmelser, idet stress kan føles som en kvælende indsnævring af éns livslyst og éns livsenergi.

Lazarus' definition af stress

I tråd med CBT (kap. 11) forstår den amr. psykologiprofessor og stressforsker Richard S. Lazarus stress som noget, der opstår i samspillet mellem den enkelte og omverdenen.

Det handler om den enkeltes egen opfattelse (*perception*) af de krav, vedkommende stilles overfor. Således viser den moderne forskning i stress, at den mest markante faktor for at udløse stress ikke så meget er de givne samfundsforhold, forventninger og rammer – men derimod det, der foregår i vores hoveder i form af vores egen perception samt biokemien i hjernen.

Med andre ord: Det vigtige er den *opfattede* arbejdsbyrde eller *opfattede* indsatsbyrde i forhold til de ressourcer, man selv *tænker*, man råder over. Det er altså éns tanker om krav og arbejdsbyrde. Dette er teoriens grundlæggende *kognitive komponent*. Det drejer sig om den enkeltes *perception* (opfattelse), dvs. vurderingen beror på personen selv.

Stress kan opstå, når vi har større mængder af arbejdsopgaver og udfordringer, end vi oplever, vi har ressourcer til at overkomme, og som truer vores velbefindende. Det er således byrdens oplevede betydning i forhold til vores mulighed for at overkomme den, der spiller en vigtig rolle ved udvikling af stress ifølge Lazarus.

De tyngende arbejdsopgaver og udfordringer kan vedrøre éns arbejde, men også éns privatliv, f.eks. ved skilsmisse eller alvorlig sygdom i familien. Måske skal man køre sin kone til og fra kemo – eller gå med børnene til konsultation i psykiatrien. De nævnte ressourcer vedrører forhold såsom éns kræfter, viden, motivation og ikke mindst éns tid. Ressourcer uddybes i kapitel 9 om *coping*.

En stor mængde af stressbelastningen og samspillet mellem individ og omgivelser kan have signifikante konsekvenser for den stressramtes velbefindende og trivsel. Stress er en udfordrende og krævende tilstand i organismen forårsaget af fysiologiske og psykologiske reaktioner på stressfyldte belastninger.

I forlængelse af sin definition af stress skal det nævnes, at Lazarus skelner mellem 1) *social stress*; 2) *fysiologisk stress*; og 3) *psykologisk stress*, dvs. *hvor* det er, en stressramt mærker stressen. Dermed skelner Lazarus mellem, hvilket domæne stressen primært kommer til udtryk i – men stressen kan faktisk godt komme til udtryk i to eller alle tre domæner.

Subjektiv perception
Nedenstående tabel søger at anskueliggøre forskelle mellem en persons subjektive vurdering (*perception*) af hhv. positive og negative oplevelser.

Oplevede positive forhold	Oplevede negative forhold
Nok at se til	For meget at se til
Travlhed, friskhed	Udmattethed, træthed
Energifuldhed	Energimangel

Flow	Manglende koncentration
Nysgerrighed	Manglende nysgerrighed
Engagement	Manglende engagement
Motivation	Manglende motivation
Gåpåmod	Pessimisme
Initiativ	Resignation

Som det ses i tabellen, er der markante forskelle på de ord, som man anvender for positive versus negative oplevelser.

Både godt og ondt
Det skal betones, at ikke alle stressfaktorer behøver ikke bevirke noget negativt. Ja, nogle stressfyldte oplevelser kan faktisk have positive effekter, hvor den enkelte får kræfter og incitament til at gå til en opgave med ekstra gåpåmod og energi. Der er individuelle forskelle, og ikke to situationer behøver at blive oplevet ens.
Men hvordan ved man, om man lider af stress?
Det kan en stresstest blandt andet være med til at måle, f.eks. PSS-stresstesten, som gennemgås i det følgende.

PSS-testen
Når man kommer til psykolog, læge eller stresscoach, kan denne måle éns stress. Det sker ved hjælp af den såkaldte PSS-test, som man udfylder – enten selv eller sammen med en fagperson. PSS er engelsk og står for *Perceived Stress Scale*. Den måler en persons opfattede/ selvangivne mål af stress.

PSS er et nyttigt redskab, der blev udviklet i 1983. Den består af en række spørgsmål om éns tanker og følelser vedrørende specifikke stressfaktorer den seneste måned, hvor den stressramte angiver sine svar ud fra, hvorledes vedkommende selv *opfatter* det. Man skal i PSS-testen svare på 10 spørgsmål og til hvert spørgsmål vurdere graden af stress ved hjælp af et tal mellem 0 og 4. Dette giver mulighed for 40 point i alt.

Når PSS-spørgeskemaet er udfyldt, kan svarene lægges sammen til et antal point, og ud fra dette resultat kan man vurdere *graden af den stressbelastning*, en person oplever. Der er tre kategorier: *lav, moderat* og *høj* grad af stress. Den højeste kategori er man i, hvis man lander på mellem 27 og 40 point. Får man det, tyder det på, at man oplever en høj grad af stress. PSS-testen er alene retningsgivende og kan give et fingerpeg, men den kan almindeligvis ikke stå alene.

Der er her vigtigt at slå fast, at det langt fra er alle mennesker med høje stressscorer, der rent faktisk ender ud i kronisk stress. Dels kan det være noget forbigående, dels kan de målte personer have en høj stresstærskel.

Når man tester folk, ses det, at ikke kun folk med fuldtidsarbejde og overarbejde scorer højt i stress. Også hos mennesker med arbejdsløshed eller førtidspensionister kan stressscoren ligge højt. Også små børn kan opleve stress ved at gå i vuggestue eller børnehave; og det samme kan hjemmepassede børn. Alt i alt scorer kvinder højere på stress end mænd. Yngre mere end folk over 55. Enlige mere end gifte. Det ses ligeledes, at folk under uddannelse scorer højt i PSS-stresstest.

Coronaen
Under coronaepidemien i årene 2020-2023 sås en stigning i stress. Det var en tid, hvor nogle oplevede syg-

domsangst og OCD, og der var længere perioder med nedlukninger, hvor man ikke eller kun i meget begrænset omfang måtte færdes i det offentlige rum.

Mange var henvist til at arbejde eller gå i skole *derhjemme* og dermed være noget tættere sammen med dem, de boede samme med. I en række tilfælde skabte det faktisk en del konflikter, f.eks. opstod der undertiden skænderier og vold mellem familiemedlemmer eller kærester. Arbejdsrutiner blev omlagt, en del foregik *online*. Forholdene med onlinearbejde og onlinestudier var dengang *noget helt nyt* for de allerfleste.

Stresshormoner

Når vi oplever stress, udskiller vi stresshormoner. Eksempelvis er *kortisol* et hormon, som kroppen udskiller i stressede situationer, og et højt niveau af kortisol er en god indikation for et højt stressniveau – men almindeligvis falder stresshormonniveauet, når udfordringen eller truslen er overvundet eller væk – og kroppen vender tilbage til sin normale tilstand. Denne type beredskab er en fordel for os mennesker, for så vi får vi ekstra kræfter og eventuelt ekstra mod til at overvinde det, som vi bevidst eller ubevidst opfatter som akutte farer og udfordringer.

Sammenhængen mellem menneskers psyke og deres kroppe (fysiologi) er temmelig kompleks. Mange forhold gør sig gældende – men hvis signifikante stressfaktorer varer ved over lang tid, kan hormonsystemet gå i selvsving, således at niveauet af stresshormoner ikke falder, men vedbliver med at være forhøjet – og dét kan være helbredsskadeligt på længere sigt.

Eksistentiel stress

Eksistentiel stress opstår på baggrund af éns livssituation, dvs. de levevilkår og muligheder, hver enkelt lever under.

Ofte er det desværre sådan, at jo lavere socialt lag man lever i/kommer fra, desto flere psykosociale belastninger kan man have, og desto mere eksistentiel stress kan det medføre. Dels fordi man har færre muligheder og ressourcer – dels fordi man har flere stressorer, eventuelt ressourceknaphed (en eufemisme for fattigdom) eller stofmisbrug, oplever vold, uro, konflikter og ustabile forhold i familien.

Ligeledes kan familiemedlemmers eller egen mistrivsel og sygdom være kilde til at gøre éns liv overmåde stressfyldt.

Det skal også med, at *prænatale traumer* fra fostertiden eller traumer, der er opstået under fødslen eller i barndommen, senere kan sidde i nervesystemet som et betydeligt stresselement og udøve en negativ indflydelse på hele organismen og éns velbefindende.

Endvidere kan dybereliggende skyld og skam samt selvkritik og eventuelt selvhad også udgøre latente stressfaktorer, der ligger i baggrunden og gnaver i en persons psyke med vigende livsglæde til følge.

Endelig kan eksistentiel stress opstå, når man oplever manglende mening og formål i sit liv – herunder i sit arbejdsliv.

Epigenetik

I vores tid er psykologi og andre akademiske fagområder meget optagede af feltet *epigenetik*. Det er læren om, hvorledes det levede liv og livsvilkår indvirker på vores genetiske dispositioner. I denne sammenhæng indvirker stress signifikant negativt på vores helbred. Det kan udløse sygdomme, hvoraf nogle kan ligge i vores genetiske dispositioner.

Således ses det, at længere tids stressbelastning kan føre til forhøjet blodtryk (ret hyppigt) og apopleksi (dvs. slagtilfælde) – og ligeledes ADHD, mavesår, diabetes, fedme, hjertekarsygdomme, sklerose og andre problemer i nervesystemet/bevægeapparatet samt nedgang i immunforsvaret med visse former for infektionssygdomme og cancer til følge. Stress påvirker vores fysiske helbred i destruktiv retning!

At være pårørende
Det kan være uhyre stressende at være pårørende til en person med en psykisk lidelse, f.eks. angst, skizofreni eller demens. Eller være pårørende til en person med en livstruende sygdom såsom kræft eller ALS.

Det kræver mange kræfter at pleje og være tilgængelig for den syge – men også for én selv fysisk og psykisk. Når et familiemedlem er ramt af sygdom er faktisk hele familien ramt. Familien er en organisme, et socialt system, hvor alle har indvirkning på hinanden.

Stressorer
Stressorer er stressfaktorer, altså belastninger der virker stressende på mennesker. Store belastninger såsom krig, terror eller naturkatastrofer vil naturligt medføre stress hos de fleste.

Andre stressorer kan være alt lige fra at skulle holde en tale til en konfirmation til at få en alvorlig diagnose hos lægen; skilsmisse; fødsel; dødsfald; tab af førlighed eller udvikling af andet handicap; at have været igennem et kræftforløb el. lign.; at et barn flytter hjemmefra; flytning; fyring; ny arbejdsplads; økonomiske trængsler og ressourceknaphed; ny arbejdsplan; eller lang tids arbejde i dårligt psykisk arbejdsmiljø. Det skal med at pludselige begivenheder i menneskers liv kan være af både negativ og positiv karakter. Der er også lykkelige og lykkebringende begivenheder, ikke kun stressfyldte.

Med ovenstående in mente skal det understreges, at eksterne stressbelastninger ikke kun er noget, vi får på vores uddannelsesinstitution eller arbejdsplads, men de kan lige såvel stamme fra markante og indgribende negative livsbegivenheder i vores privat- og familieliv.

Der er mange årsager til stress. Jo bedre form man er i fysisk og psykisk som udgangspunkt, desto mere har man at stå imod med i det lange løb.

Derimod kan usund levevis i form af dårlig ernæring, mangel på motion og frisk luft samt dårlige sovevaner medvirke til stress – men omgivelserne, f.eks. jobbet el. skolen, er oftest den væsentligste faktor.

Det er svært at undgå travlhed i dagligdagen, og travlhed er en *naturlig* del af hverdagen, men det er vigtigt at skelne mellem travlhed og stress.

Travlhed er at skulle lave mange ting, skulle nå mange ting, f.eks. nå vigtige deadlines. Det er ikke stress i sig selv, men det kan udvikle sig til stressbelastning, hvis en masse travlhed hober sig op og bliver til en stor og uovervindelig mængde, og hvis man er *bagefter*, dvs. hvis der er en masse ting, man ikke har nået, men som man egentligt ved eller føler, man burde have nået.

En væsentlig grund til stress kan være, at man har svært ved at sige fra over for stort arbejdspres, dårlig ledelse eller dårligt arbejdsmiljø. Visse jobtyper er mere udsatte for stress end andre, f.eks. kan natarbejde med skiftende arbejdstider (f.eks. sygeplejersker eller taxichauffør) lægge et stort pres på organismen.

Også *unge* får stress, f.eks. oplever mange gymnasieelever det, især piger, men også andre segmenter af unge. Det ser ud som om stress og forhøjet alarmtilstand rammer hårdere hos unge end hos voksne, og det er givetvis, fordi unge hurtigere kører sur i at skulle håndtere voldsomt arbejdspres, da unge har mindre erfaring, og måske mindre stamina, end voksne (se kapitel 8).

* * *

Betydningen af konstans
Vi ved godt, at livet i det store perspektiv ikke er en konstant størrelse, men det er en fordel med en stor grad af konstans, tryghed og regelmæssighed i de mindre perspektiver. Det kan være kontraproduktivt, hvis en arbejdsplads, profession eller uddannelse ikke opretholder en stor grad af konstans.

Ustabile forhold og manglende permanens giver en grundlæggende utryghed; og man kan miste kontrollen og overblikket over sit liv og arbejdsliv.

Det er vigtigt for mennesker at have konstanser i deres liv. Konstanser giver stabilitet. Man kan anskue konstanser som søjler, der rejser sig op gennem éns tilværelse. Typiske konstanser er ægtefælle, kæreste, familie, omgangskreds, arbejde, indtægter, uddannelse, sport, hobby og bolig. Ændringer i disse eller tab af disse forhold kan medføre sorg, stress og uro, hvor man føler, at grunden under én ryster eller forsvinder.

Svær sygdom hos én selv eller éns nærmeste udfordrer konstansen og kræver ekstra overskud og indsats. Dødsfald iblandt éns nærmeste stiller også én i en svær situation med savn, afsavn og sorg – og det ses tit, at ubehandlet sorg kan føre til depression.

Det er derfor en kendsgerning, at manglende stabilitet og manglende konstans på arbejdspladsen kan give de ansatte stress, herunder også ledelsen. Inkonstans kan opstå, når der er usikkerhed i ansættelsen, fyringsrunder, drastiske nedskæringer såvel som hyppige ændringer i arbejdsgangene.

Eksempler på forskellige stressorer

- Dødsfald i familie el. vennekreds
- Diagnosticering med alvorlig sygdom
- At have ansvaret for en alvorligt syg, evt. døende, person
- Fyring
- Pensionering
- Flytning
- Overfald, overgreb, voldtægt
- Mobning og chikane, f.eks. mht. køn, seksualitet eller udseende
- Separation og skilsmisse
- Tab af arbejdsevne, tab af fysisk/kognitiv kunnen
- At miste sit arbejde og blive arbejdsløs
- At være klient i det offentlige system, f.eks. arbejdsløs, førtidspensionist eller handicappet
- At blive gift

- At få børn
- At børnene flytter hjemmefra
- Finansielle tab
- Nabolarm og ret konstante støjgener og rystelser fra trafikintensitet eller metrobyggeri er væsentlige stressfaktorer, der er skadelige for organismen
- For landmænd, der lever af at opdyrke jord og marker, kan dårligt vejr være en væsentlig stressfaktor
- Stor varme eller kulde, for lidt plads, dårlig udluftning på arbejdspladsen, f.eks. i et klasselokale, på et kontor el. på et lager
- Ringe eller upålideligt it-udstyr, WiFi, maskiner
- Mobilen og apps på mobilen kan være ret opmærksomhedskrævende, hvis man ikke sætter grænser
- Høretab er stressende for hjernen
- Dårlig ernæring, friturestegt fastfood eller sukkerfyldt og ultraforarbejdet skodmad kan stresse vores organisme og påvirke vores velvære, vores kognitive evner og vores immunforsvar negativt

Som det ses, gør mange forhold sig gældende i forhold til stress.

- Kapitel 2 og 3 fokuserer på henholdsvis akut stress og kronisk stress, og hvad der kendetegner disse tilstande.

- Kapitel 5 fokuserer på stress set i relation til arbejdsvilkår og forskellige professioner.

- Krig, katastrofer, voldsomme oplevelser og traumer er meget stressbelastende og kan udløse tilstanden PTSD, der gennemgås i kapitel 6.

- Sidste halvdel af bogen gennemgår idéer til nyorientering og forsk. behandlingsmuligheder.

KAPITEL 2: Akut stress

Ordet "akut" betyder noget, som opstår lige pludseligt, spontant. I forbindelse med stress opstår der lige pludseligt *akut belastningsreaktion* i et menneske, fordi *de oplevede krav* og *det oplevede pres* eller en potentiel farlig situation skaber en udfordring, der overstiger vedkommendes oplevede ressourcer.

At der står "oplevede" er en jævnførelse af forskningen, som viser, at de vigtigste faktorer, der udløser stress, ikke primært er samfundsforhold og éns rammer, men i stor grad den tænkning, der foregår i vores hoveder – altså hvordan vi oplever en udfordring og vores tanker om den (*perception*).

Oplevet akut stress er en naturlig psykisk og kropslig reaktion, der medfører energimobilisering, dvs. at man føler, at man får flere kræfter til at tackle den givne udfordring. Akut stress kan hos nogle mennesker vække energi og gåpåmod, mens den hos andre kan medføre ulyst og anspændthed.

For nogle mennesker kan stressede situationer være gavnlige og opbyggelige, fordi de giver os erfaringer, som kan sætte os i stand til at tackle nye stressede situationer bedre. Og det er positivt, for stressende udfordringer kommer vi af og til ud for i hverdagen, og heldigvis er der de fleste gange tale om *kortvarig* stress.

Med kortvarig stress har kroppen og psyken mulighed for at restituere sig, dvs. genoprette sin balance. Genoprettelse kan man eksempelvis gøre ved at tage en lille lur eller sove godt og længe, cykle en tur, slappe af, gå en tur, gå i biografen eller dyrke motion i frisk luft. Måske skal man holde en tale til konfirmation, og man sidder og venter og venter på at få den holdt. Måske sidder man og bliver nervøs – men *bagefter* kan man slappe af, når man *har* holdt den. I sådanne tilfælde vil presset måske kunne få én til at yde sit bedste, og man kommer sig og falder til ro, så snart præstationskravet er overvundet og overstået.

Ved akut stress aktiveres det sympatiske nerve-system, når det konfronteres med én eller flere væsent-lige stressfaktorer. Det sympatiske nervesystem er netop det, der gør det muligt for kroppen at reagere hurtigt, når man er under pres eller i fare. Når vi oplever stress, udskiller vores organisme stresshormoner, og organis-men nedprioriterer stofskiftet – men almindeligvis, når udfordringen eller truslen er væk, falder stresshormon-niveauet igen – og organismen vender tilbage til sin nor-male *neutrale* tilstand.

Symptomer ved akut stress

- Hjertebanken, forhøjet blodtryk
- Hurtig og overfladisk vejrtrækning
- Øget svedudsondring, koldsved, kolde hænder
- Indre uro, sitren; dirrende hænder
- Muskelspændinger
- Forstørrede pupiller; mundtørhed
- Glemsomhed, kluntethed (nedsat behændighed)
- Evt. forstoppelse, ondt i maven

Disse symptomer opstår, fordi det sympatiske nervesy-stem er aktiveret som følge af stresspåvirkning. Stress rammer både hjerne, krop og psyke – men når faren er gået over, når udfordringen er overstået, plejer de akutte stresssymptomer at forsvinde.

Aaron Antonovsky og OAS

Noget temmelig essentielt ved stress er det forhold, som nu afdøde professor i medicinsk sociologi, Aaron Antonovsky, kalder for OAS – en forkortelse for begrebet "Oplevelse Af Sammenhæng" (jfr. engelsk *Sense of Coherence*).

Begrebet OAS uddybes nedenfor. Først et kort kig på Aaron Antonovskys udgangspunkt. Hans grundidé er, at man i medicinsk og psykologisk forskning og behandling slet ikke skal fokusere på det syge, men derimod flytte fokus over på det sunde, hvilket med en fagterm kaldes *salutogenese*.

Det betyder i praksis, at man skal søge viden om, hvad det er, der gør, at forskellige individer holder sig sunde og raske, således at fokusset i arbejdet med sygdomsramte mennesker hviler på de faktorer og mekanismer, der ligger bag udviklingen af et godt helbred hos den enkelte. Det er en meget fin indgangsvinkel til at arbejde med menneskers fysiske og psykiske helbred.

I forlængelse heraf følger, at man er optaget af, hvordan den enkelte udvikler *resiliens* (dvs. modstandskraft, robusthed, ukuelighed) i forhold til stress og belastningsreaktioner; bevæger sig i retning af sundhed; og i det hele taget bevarer et godt helbred.

Når Antonovsky taler om OAS, altså oplevelse af sammenhæng i forbindelse med stress, er det først og fremmest et kognitivt begreb, som betegner, hvordan den enkelte ser og oplever sin situation. På et mere teknisk plan handler det om, hvordan éns kognitive apparat bearbejder og oplever indkommende information og stimuli (*perception*). På denne måde påvirker situationer og éns perception deraf hinanden gensidigt.

De tre kernekomponenter i OAS

1) *Begribelighed*
2) *Håndterbarhed*
3) *Meningsfuldhed*

Disse tre begreber er anvendelige i forhold til oplevet stress, på denne måde:

Begribelighed beskriver, hvorledes den enkelte begriber, dvs. opfatter, de stimuli, som han eller hun står overfor. Virker det kaotisk, tilfældigt, overkommeligt eller uoverkommeligt, forståeligt eller uforståeligt. *Er der en forudsigelighed eller ej i de stressende udfordringer, man oplever og står overfor?* Hvis man forstår udfordringerne og kan rumme dem mentalt og psykisk, har man en høj grad af begribelighed.

Håndterbarhed beskriver, hvorvidt et individ føler, han/hun har ressourcer nok til at klare og håndtere de krav og stressende situationer, som vedkommende stilles overfor. At udfordringerne føles *overskuelige* og *håndterbare.*

Håndterbarhed er afhængig af begribelighed og sikrer, at man formår at håndtere de mange stimuli med udgangspunkt i éns forhåndenværende ressourcer. Hvis man *ikke* har oplevelsen af at have de nødvendige ressourcer til at håndtere situationen, kan det øge éns stressniveau.

Hvis man derimod *har* de nødvendige ressourcer og evner at anvende dem, har man en høj grad af håndterbarhed.

Meningsfuldhed beskriver, hvordan man er involveret og engageret i det, man beskæftiger sig med. Dermed er begreber som involvering, engagement og motivation centrale. Den enkelte oplever mening med de krav og udfordringer, vedkommende står overfor, også i stressende situationer.

Dermed giver éns udfordringsniveau mening på et højere niveau for vedkommende, man har en dybere forståelse og oplever de mange sammenhænge som meningsfulde. Hvis man begynder at miste meningen med sit arbejde og stressende situationer, kan det være befordrende for stress og sygdom, fordi man oplever en følelse af meningsløshed og omsonsthed: Tingene kan virke forgæves.

Grad af OAS

Ved at en fagperson (psykolog, stresscoach osv.) taler med eller tester en person, kan man måle, om vedkommende har en svag, medium eller stærk OAS. Dette er, når man måler de tre dele i sammenhæng. OAS inkluderer ikke kun aktuelle situationer, men også individers oplevelser og livserfaringer. Disse forhold skal dog ikke forstås som statiske, men som dynamiske.

Svag OAS viser sig at være befordrende for stress og sygdom, fordi man har en øget grad af sårbarhed eller det, Antonovsky kaldte *modstandsunderskud*.

Derimod er *stærk OAS* alt andet lige helbredsfremmende, fordi det viser, at en person har adgang til en stor grad af resiliens (robusthed) og dermed har gode odds for at overvinde stress og for at overkomme stressede situationer.

Det er ikke nødvendigvis kun godt at have en høj score i de tre målte kategorier. Her bliver Antonovskys begreb vedrørende *uægte OAS* aktuelt. Hvis en persons OAS bedømmes som uægte, kan det skyldes, at den testede person er *for* optimistisk og *for* overmodig, dvs. overvurderer egne evner og egen kapacitet, hvilket kan tyde på en vis rigiditet (fastlåsthed), overmod og manglende realisme i vedkommendes personlighed.

Det skal siges, at ifølge Antonovsky vil mennesker, som i forvejen opfatter omverdenen som meningsfuld, forståelig og håndterbar, have mindre tilbøjelighed til at få stress og blive syge. De vil have mere robusthed, mere resiliens at stå imod med. [5]

Stressorer
Stressorer er lig med stressfaktorer, f.eks. disse:

- Stressfyldte arbejdsforhold (uddybes i kap. 8)
- Krig, naturkatastrofe, dødsfald
- At have/få en alvorlig diagnose; handicap
- Fyring, at søge nyt arbejde, at få nyt arbejde
- Fastlåst/uafklaret situation, f.eks. langtrukken venteposition på at få godkendt en arbejdsskade el. førtidspension, når systemet kører langsomt
- Flytning
- Ringe eksistensvilkår (misbrug, omsorgssvigt, incest, vold, ubearbejdet sorg/traume, stor gæld)

Stress kan ligeledes ramme pendlere og mennesker, der arbejder i transportbranchen (f.eks. chauffører og piloter), for hvem forsinkelser, aflysninger og trafikpropper udgør væsentlige stressfaktorer i dagligdagen. Disse ting kan sammen med andre stressorer og professionelle krav bevirke et højt stressniveau.

Når den akutte stress varer ved
Stresshormoners egentlige funktion er at forberede kroppen til en *kæmp-flygt-eller-frys*-reaktion. Det kan netop være nyttigt ved akut opstået fare, og nogle gange er det essentielt for vores overlevelse, f.eks. i tilfælde af uheld, katastrofe eller krig.

Men hvis vi hyppigt og igennem lang tid oplever udfordrende pres og stressede situationer i vores hverdag, som vi har svært ved at tackle, og som vi i længden har svært ved at leve med, kan det udvikle sig til længerevarende stress. Dette betegnes fagligt som *kronisk stress* og gennemgås i næste kapitel, og i kapitlet derefter om stress og personlighed.

KAPITEL 3: Kronisk stress

> *Man bliver stresset af alt det, som man
> ikke har nået, men som man burde have nået!*

Måske er der en stor gran af sandhed i denne talemåde, og stress skyldes da også en akkumulering af mange forhold – *sneboldeffekten*. Stress bliver almindeligvis først problematisk, når tilstanden er blevet kronisk. Kronisk stress er en udmattelsestilstand i krop og psyke, der indvirker negativt på organismen, herunder det kognitive apparat, f.eks. vores evne til at orientere os, huske, løse komplekse problemer, få gode idéer.

Hvis vi forholdsvis hyppigt og igennem lang tid oplever stress i vores hverdag – altså har repetitive episoder, hvor vi er udsat for et stort antal stressorer – kan dette længerevarende pres udvikle sig til *kronisk stress*. Det er karakteriseret af en række symptomer, hvor søvnløshed, anspændthed, uoplagthed, træthed og ulyst er blandt de mest almindelige.

Kronisk stress skaber *ændret adfærd* og *øget emotionalitet* (forklares nedenfor). Dette sker, fordi éns krop reagerer på den stress, der efterhånden bliver kronisk. Når man hyppigt har befundet sig i en stresstilstand over en længere periode, falder stresshormonerne ikke, og kroppen vender ikke tilbage til en neutral tilstand, men vil blive ved med at have aktiveret *kampflugt-refleksen* i hjernen.

Det betyder, at *organismen ret vedvarende befinder sig i forhøjet alarmberedskab*. Med andre ord: kroppen kan ikke restituere sig og kan derfor ikke vende tilbage til sin normale neutrale tilstand af ligevægt (*ho-*

meostase). Det kan have flere negative konsekvenser for helbredet.

Af denne årsag vil personen efterhånden udvikle kronisk stress – men det er ikke sikkert, at personen er 100% bevidst om, at der er tale om tilstanden "kronisk stress", skønt vedkommende ganske givet på det kropslige plan oplever massive problemer med at slappe af.

Kronisk stress er præget af vedvarende eller hyppigt tilbagevendende stresssymptomer. Muskeltonus (altså spændingen i musklerne) kan konstant være forøget, hvilket kan sætte sig som muskelinfiltrationer. Der kan være en følelse af markant uro, rastløshed og tyngde i kroppen.

Øget emotionalitet
Når man er ramt af kronisk stress, kan det være svært mentalt og psykisk at filtrere irrelevante, udefrakommende påvirkninger fra. Årsagen er, at hjernen og det hormonelle system befinder sig i alarmberedskab.

Det betyder ligeledes, at éns kognitive apparat er forstyrret. Mange stressramte vil derfor opleve en højere grad *psykisk overfølsomhed*, hvilket kan indebære, at de bliver grådlabile og følelsesmæssigt uligevægtige med humørsvingninger til følge. De føler sig ikke rigtigt glade, udhvilede elle friske i dagligdagen; og i mødet med andre kan de have kort lunte, blive vrissende og være udadreagerende.

Alt i alt kan den øgede emotionalitet komme til udtryk ved, at man reagerer impulsivt, uovervejet, overdrevent emotionelt eller aggressivt, hvilket ikke sjældent kan vise sig at være uhensigtsmæssigt, og måske noget man fortryder bagefter – men det skyldes ene og alene manglende psykisk og energimæssigt overskud. Disse forhold kan forværres af excesser, dvs. *overforbrugsadfærd*, f.eks. af alkohol el. usund mad, fordi man kommer ind i en ond cirkel – eller rettere en nedadgående spiral, hvor tingene gradvis forværres. Måske begynder man at opsøge prostituerede eller kasinoer – eller andre spændingsgivende oplevelser.

Det er muligt, at overforbrugsadfærden kan fungere en tiltrængt ventil, der så at sige "tager trykket", men de går ikke i længden, for på længere sig fjerner overforbrugsadfærden ikke stressen, men forværrer den derimod. Måske får man trang til at overforbruge *endnu mere*, og så kan man f.eks. risikere at blive alkoholiker, hvis alkohol er det stof, man overforbruger.

Nogle stressramte har tendens til at svede mere i håndfladerne – måske ryster de ligefrem på hænderne. Dette kan være en klokkeklar indikation af, at kroppen fysiologisk set er stresset.

Ligeledes ses det, at stressramtes appetitregulering er forstyrret. Dette kan resultere i ufordelagtige spisevaner, eksempelvis at nogle helt overhører signalerne om sult og glemmer at spise, så de taber sig. Ved mad overhører de måske mæthedssignalerne og overspiser, så de tager på i vægt og går måske amok i kalorierige og sukkerrige fødevarer, slik, is og desserter. Trangen til overforbrug kan også vedrøre hash, cigaretter, koffein og, som nævnt, alkohol osv.

Nu er stress ikke længere blot en akut energimobilisering, den er blevet til *en mere permanent* eller *periodisk tilstand* i den menneskelige organisme. Hvis den stressramte ikke er bevidst om denne ændring og

41

fortsætter som sædvanligt, kan det få temmelig dramatiske konsekvenser.

Som sagt er stress ikke en sygdom i sig selv, men en alvorlig tilstand, som udgør en stor risikofaktor for udvikling af sygdom, især når det står på i længere tid. På vej mod udvikling af egentlig sygdom kan den stressramte støde ind i en lang række problemer.

Kognitive problemer

Kronisk stress betegner som nævnt en vedvarende tilstand. Forhøjede mængder af stresshormoner over længere tid, f.eks. *kortisol*, er skadeligt. Det påvirker hjernen i *degenerativ* retning, f.eks. kan cellerne omkring *hippocampus* ("hjernens hukommelsescentral") skrumpe med op til en femtedel.

Dermed kan stress forårsage ret væsentlige kognitive problemer. Ikke kun bekymringer og tankemylder, hvor tankerne kører i ring, men også problemer med at koncentrere sig, fastholde opmærksomheden i længere tid og huske.

Generelt opstår der problemer med mange af de funktioner, der styres af pandelappen. Det drejer sig om éns arbejdshukommelse, evne til tænkning og evnen til impulskontrol. Det er som om, at disse funktioner nedsættes eller eventuelt endog lammes.

Forstyrrelsen af det kognitive apparat kan betyde, at man ikke præsterer sit bedste på arbejde. Éns krop befinder sig i en belastningstilstand og kæmper for at blive hel igen, men det bliver den ikke, så længe man fortsætter derudad i samme gænge, og kroppen ikke for alvor får ro og hvile, og kommer i en afspændingstilstand, hvor den kan restituere sig.

Forringelse af éns arbejdshukommelse kan resultere i, at man ikke kan fremkalde bestemte informationer fra langtidshukommelsen. Ting, man normalt let kan huske, kan man nu pludselig ikke komme i tanke om. Man kan være distræt og psykisk fraværende.

I sit arbejde eller i samtaler taber man nemt tråden og bliver distraheret af småting. Styringen af adfærden svækkes, og som nævnt kan det resultere i øget emotionalitet med impulsiv, irrationel eller uhensigtsmæssig adfærd, fordi man er ude af balance. Og da man kan risikere ikke at tænke klart, an man nemt komme til at prioritere forkert og træffe forkerte dispositioner.

I hjernen ses det ved kronisk stress, at *pandelappernes* funktion er forstyrret, hvorimod *hippocampus* er skrumpet, og *amygdala* er overaktiv. Sidstnævnte kan være befordrende for angst, uro og ængstelighed.

Søvn

Mange stressede mennesker har svært ved at falde i søvn. De oplever deres søvn som overfladisk og vågner tit op om natten og føler sig bombede og uudhvilede om morgenen. Om dagen er personer med kronisk stress hyperårvågne på grund af høj *arousal* (vågenhed). De kan være hypersensitive og kan derfor fare sammen ved overraskende eller voldsomme lyde.

Den rette mængde søvn har store fordele for det generelle velvære såvel som for hukommelsen og éns andre kognitive evner. Desværre er søvnbesvær tit en hyppig følgesvend ved kronisk stress, og for lidt søvn hjælper ikke på hjernens kognitive kapacitet eller restituering. Tværtimod. Organismen får ikke nok hvile.

Hvis man ikke bliver ordentligt udhvilet, og hjernen ikke får hvile, fungerer det kognitive apparat dårligere, dvs. éns hukommelse, orienteringsevne, overblik, regnefærdigheder, formuleringsevne osv. fungerer ikke optimalt. Man kan miste overblikket.

Resultatet af dårlig søvn er også, at den stressede kan føle sig konstant træt, initiativløs, irritabel og måske ligefrem udbrændt. Dog synes sovemedicin ikke at være en holdbar løsning. Meget medicin har bivirkninger, og sovemedicin er næppe nogen undtagelse, dvs. sovemedicin er måske ikke sundt i det lange løb. I så fald tyder meget på, at det kun bør tages som en nødløsning i meget kort tid. Naturprodukter som kamillete og lignende foretrækkes af nogle, der ikke ønsker sovemedicin.

Alle disse forhold betyder ikke blot, at éns kreativitet og produktivitet svækkes – men også at man kan kludre i det og blive ineffektiv. Man når ikke så meget, som man plejer, og kan lave fejl, hvoraf nogle måske kan være alvorlige.

> *Det er når vi sover dybt og længe, at vores organisme får mulighed for at regenerere og blive genopfrisket. Og sove dybt og længe kan vi bedst, når kroppen ikke er fuld af stress og udbrændthed. Man skal få krop og søvn til at indgå i et positivt samspil, da de støtter hinanden gensidigt.*

Stress kan betyde, at mennesker blive ustabile mht. fremmøde og mht. at passe deres ting. Nogle bliver usikre på sig selv og deres egne evner og handlekraft. Sådanne forhold kan gå ud over éns selvfølelse.

De mange strabadser og psykofysiske ubalancer kan medføre tegn på begyndende personlighedsforandring, hvor man ikke længere er sit gamle selv. Man kan selv mærke det – og familien og andre kan også mærke det. Man er i ubalance, man er et usundt sted i sit liv!

Maven

Symptomer i maven kan være forhold som mavesår, irritabel eller nervøs tyktarm og uregelmæssig afføring. Dette kan have flere årsager, men kan også skyldes øget trang til usund kost og alkohol samt uregelmæssigt søvnmønster med søvnmangel til følge. Man kan have kvalme og lide af hovedpine. Og kronisk stress kan være medvirkende til forhøjet blodtryk.

Vigtigt at reagere

Det er vigtigt at reagere på stressbelastning. Det kan koste dyrt på helbredet, hvis man ikke gør det. Det fortæller den 33-årige folketingsmand Jacob Mark, en fremtrædende politiker, om i sin selvbiografiske bog:

> Stress er en modbydelig sygdom. Den tog mit sociale væsen fra mig og gjorde, at jeg mistede lysten til det og dem, jeg elsker. I en periode tog den min personlighed fra mig. Jeg indså først alt for sent, at jeg var syg. [6]

Som det ses, kan der optræde mange belastningsreaktioner ifm. kronisk stress. Eftervirkninger af stress og dette at arbejde på en arbejdsplads med stressende arbejdsvilkår og (aggressiv?) overeksponerende mediebevågenhed som i toppolitik kan i det lange løb gøre livet surt for én.

Skønt det var overraskende, men ingenlunde ulogisk, meddelte Jacob Mark, den 22. oktober 2024, at han ønskede at *udforske jobmarkedet uden for Christiansborg* samt få et arbejde, der giver ham *mere tid med familien* (han og konen har et lille barn). Denne tilbagetrækning er ikke kun et tab for hans parti, SF, men også for folkestyret, fordi toppolitik tilsyneladende ikke tilbyder et ordentligt arbejdsmiljø. Tænk på Jakob Ellemann-Jensen, Rasmus Jarlov m.fl.

Også flere borgmestre (heraf nogle ret kendte og prominente borgmestre) har trukket sig de senere år, hvilket *kan* have noget med arbejdsbetingelser at gøre, men også kan have andre årsag.

Næste kapitel handler om, hvad der sker, hvis man ikke får bekæmpet den kroniske stress og får skuden rettet op: Den stressramte kan ramle ind i et veritabelt *stresssammenbrud*.

KAPITEL 4: Stresssammenbrud

En skønne dag er bægeret fuldt. Hvis en person er stresset over lang tid, kommer personen ind i stresszonen, hvor faren for sammenbrud er stor. Det høje tempo og den høje spændingskurve kan resultere i et i psykisk og/eller fysisk sammenbrud, når stressbagagen er fyldt op. Det er den naturlige konsekvens af, at kroppen ikke har kunnet restituere sig. Man når til et punkt, hvor det må briste eller bære. Ak og ve, som regel brister det! Der sker en form for kollaps. Det er som regel først da, at man selv trækker stikket. Man kommer en tur ned og vende.

Med andre ord: man går ned med flaget! For nogle kan dette være uhyre svært. Det kan føles som et nederlag at måtte kaste håndklædet i ringen. Man føler måske, at man svigter sine pligter og bestemte mennesker. Måske føler man, at man ikke er god nok og et pjok, fordi man ikke kunne klare det. For andre mennesker kan et sammenbrud føles en lettelse, en befrielse, for nu har de en legitim årsag til at trække stikket.

For nogle mennesker kan det være behæftet med *skam* at sygemelde sig med stress. Og denne skam lægges så oven i det, der har udløst stressen, men der er som regel ikke nogen udvej uden om sygemelding.

Kollapset sker, hvis man bevidst eller nok især ubevidst har forsømt at passe på sig selv, har overhørt kroppens og psykens signaler. *Man har undgået at blive bevidst om, at man er stresset.* Mange gange forsøger man ihærdigt at få det hele til at fungere, på trods af at man er i færd med at være godt nedslidt og udkørt – og det kan ganske enkelt betyde, at presset ender med at blive for stort, og læsset vælter.

Nogle karriereopslugte mennesker oplever desuden undervejs at blive mere og mere *fremmedgjorte* over for sig selv, når de agerer i hverdagslivets hurtige og hektiske trummerum af travlhed, deadlines, ambitioner og intens livsførelse. De er ambitiøse og har stærke ønsker om at kravle op ad karrierestigen. De kan glemme sig selv og deres værdier i forløbet. Deres autenticitet og selvkontakt kan gå fløjen i denne proces.

Det er vigtigt at passe på sig selv og ikke glemme sine behov – eller sine begrænsninger. Medarbejdere kan desværre ikke altid regne med, arbejdsgiverne passer på deres personale og er opmærksomme på deres psykiske velbefindende. Og når dét er sagt, skal det tilføjes, at ledere og direktører faktisk også selv kan risikere at blive ramt med stress og gå ned; det gælder ikke kun medarbejderne.

En skjult lidelse
En karakteristisk ting ved stress er, som tidligere nævnt, at den mange gange er en *skjult* lidelse. Den er først og fremmest *skjult*, fordi den stressramte *ubevidst* har fortrængt bevidstheden om sin stressede tilstand eller har ignoreret den og dermed bare har arbejdet videre, som om ingenting var hændt – givetvis ud fra et håb og ønske om, at tingene ville normalisere sig.

Når et stresssammenbrud sætter ind, kommer det desværre i form af et voldsomt *wake-up call* – og ofte kommer det med en pris at betale! Kollapset vedrører, hvordan stress påvirker éns organisme med hensyn til, *hvor* man er mest sårbar.

Stress og følgesygdomme debuterer som regel i form af et stresssammenbrud, f.eks. et angstanfald, hvor en flod af irrationelle og panikskabende følelser og eventuelt tankemylder skyller ind over en person og bibringer vedkommende en fornemmelse af at skulle forgå eller gå fra koncepterne. Der kan desuden være åndedrætsbesvær, svimmelhed, maveonde, hjertebanken, hovedpine og andre symptomer.

Angsten / stresskollapset er udløst af stresshormoner, der går amok og aktiverer *kamp-flugt*-refleksen i hjernen. Et sådant stresssammenbrud er organismens måde *at sige fra på*, når presset har varet for længe. Dermed sker der et fysisk og/eller psykisk kollaps. Det kan opleves som overordentligt skræmmende, når kroppen "kører afsted" med én og gør ting uden for éns umiddelbare kontrol.

Man kan erfare et stresssammenbrud på mange forskellige måder. Nogle erfarer deres stresssammenbrud ved, at de ganske enkelt en morgen pludselig slet ikke kan stå ud af sengen! Så kan de ikke undgå at blive bevidste om, at der nu er noget ganske alvorligt galt. [7]

Uanset *hvordan* et stresssammenbrud finder sted, oplever de fleste, at sammenbruddet åbner op for en helt uvant sensibilitet og bekymringsmodus, hvor de hele tiden føler sig *sårbare* – og måske føler de ligefrem metaforisk, at de bevæger sig på kanten af en afgrund, hvis de da ikke allerede føler, at de ér røget ned i stressdybet.

Stress-sårbarhedsmodellen
Ifølge psykologerne Miklowitz og Goldsteins teori om sammenhængen mellem stress og sårbarhed, vil det, når en person gennem længere tid udsættes for en voldsom stressbelastning, få en konsekvens. Kollapset kan enten ske i *psyken* i form af et nervøst sammenbrud, et panik-

anfald eller en psykose – eller det kan ske i *kroppen* i form af et markant ildebefindende, en blodprop eller et slagtilfælde, alt efter *hvor* man er mest sårbar. Stress sætter sig og påvirker alle mulige steder i krop og psyke, ikke sjældent oven i traumer, man har i forvejen.

Nedenstående tabel anskueliggør forholdet eller balancen mellem rask og syg (og mellemstadier) i forbindelse med individers stressniveau kombineret med grad af sårbarhed. [8]

Stress- niveau	Lav sårbarhed	Høj sårbarhed
Højt	*På vej mod syg*	*Syg*
Medium	*Nogenlunde rask*	*På vej mod syg*
Lavt	*Rask*	*Nogenlunde rask*

Højt stressniveau kombineret med høj sårbarhed udgør en væsentlig risikofaktor for udvikling af en række sygdomme.

Sygdommene opstår dér, hvor individet er mest *disponeret* for det. En vigtig årsag til dette er, at den øgede sårbarhed ved længere tids højt stressniveau indvirker på stressramtes *immunforsvar*, der af flere årsager svækkes og dermed har færre ressourcer til at bekæmpe indtrængende vira eller inflammationer.

Med andre ord: man er mere modtagelig for udefrakommende sygdomme som netop vira, ligesom man også er modtagelig for at udvikle sygdomme, der skyldes éns individuelle dispositioner, der så vil udvikle sig dér, hvor man er "svagest" i kroppen eller i psyken eller begge steder, dvs. dér, hvor man er *mest disponeret* for det.

Som sagt: Dér, hvor personens psykiske og fysiske forsvar er mindst stærkt, vil konsekvensen vise sig. Derfor er det meget vigtigt at reagere, inden glasset bliver så fyldt, at man får et decideret sammenbrud.

Musikere og komikere

Musikere og andre mennesker, der optræder for publikum, kan ofte være under pres. Dels kræver det meget energi og overskud at stå foran store menneskemasser og underholde, dels kan kalenderen være fyldt godt op med arrangementer.

Den danske musiker (kendt bl.a. fra Eurovision 2011), 36-årige Tim Schou, har fortalt til Fredericia Dagblad, hvordan han kæmper med stress, efter at han oplevede et regulært stresssammenbrud på scenen under en koncert på Uhrhøj i Vejle, og hvordan han derefter nu arbejder på at komme sig. Nogle af de symptomer, som han i flere måneder har døjet med er, at han føler, at han har gået rundt i en tåge, har været konstant svimmel og unormalt træt, har haft huller i sit synsfelt. [9]

Også standupkomikeren Ruben Søltoft blev i 2021 nødt til at trække stikket helt i to år, da stress og angst overrumplede ham. Det sendte ham ned i et mørkt hul, som det tog ham lang tid at komme sig over, to-tre år. Efter en travl tid med mange bolde i luften, ramlede det hele sammen, og han måtte sygemelde sig på ubestemt tid.

Ruben Søltoft fortæller "Se og hør", at han ikke var fysisk i stand til at komme ud af sengen, led under masser af tankemylder og angst samt havde søvnproblemer. Disse ting ses typisk ved stressbetingede sammenbrud. Komikeren forklarer videre:

Jeg var slet ikke i stand til at give mig hen til søvnen, fortæller Ruben Søltoft, der understreger, at søvnen netop blev det helt store problem. Det var jo en skrækkelig periode. Min krop var i en slags konstant alarmberedskab, og jeg blev chokeret af de mindste ting. Mit nervesystem var fuldstændig fra den. Det var enormt utrygt. Jeg kunne ikke finde ro nogen steder, hverken i min krop eller mit hoved.

Som det ses af citatet, var hele hans krop og nervesystem rystet og i stor ubalance. Med professionel hjælp lykkedes det ham at komme sig. I dag er Ruben Søltoft således tilbage i sit job som komiker og har lært at passe bedre på sig selv – bl.a. er han bevidst om at huske at lave huller i kalenderen, så han ikke er overbooket. [10]

Følgevirkninger

Typiske belastningsreaktioner, som en stressramt kan døje med, er almen uoplagthed, koncentrationsbesvær, kort *attention span*, rastløshed, pirrelighed, anspændthed, *brain fog* ("hjernetåge", lyder mærkeligt på dansk), søvnløshed, grådlabilitet, overforbrug af alkohol, medicin, sukker, tobak, hash eller andre stimulanser.

Andre følgesygdomme kan være tinnitus, blindhed, lammelser, hold i nakken, synsforstyrrelser, mavesår, nervøs tyktarm, fødevareallergier, mavekneb, hyppige infektioner, nedsat libido/potens, forværring af kronisk sygdom med videre.

Stressramte kan endvidere få udløst en hjertesygdom, en autoimmun sygdom (f.eks. sklerose, psoriasis og leddegigt), få astma og lungeproblemer, miste førligheden, miste én eller flere sanser, f.eks. syn, hørelse eller smagssans. Stress kan ligeledes forårsage udvikling af stofskiftesygdom (f.eks. diabetes), og stofskifte i ubalance virker stressende tilbage på kroppen. Dermed hænger stress uløseligt sammen med stofskiftet. [11] Dermed ses det, at fysiske dispositioner, skavanker og sygdomme kan opstå eller forværres ved længere tids stressbelastning – herunder også visse, som man måske kan kalde "ulogiske", uventede eller temmelig uforudsete skavanker, såsom denne (Jacob Mark):

> Jeg har fået en øjensygdom, fordi jeg har været stresset for længe. De blodkar, der ligger bag ved øjnene, er simpelthen blevet så udvidet af stresshormoner og blodet, der pumper, at det nu er ved at smadre mine øjne, fordi der siver væske ned i nervebanerne. [12]

Citatet viser, at stress eksempelvis kan udløse øjensygdom, der opstår helt uventet. Stress kan sætte sig alle mulige og umulige steder i kroppen – det er blandt de mulige konsekvenser af stress. Man kan "gå ud som et lys" i en kortere periode, fordi man får blackout og mister bevidstheden.

Er sindet personens svage punkt, kan den ophobede stress udløse psykisk sygdom som f.eks. en psykose, og så kan man blive behandlet med antipsykotisk medicin, der dog desværre kun virker på en lille del af dem, det bliver udskrevet til (ca. 25 procent).

Depression
Man taler om *komorbiditet,* dvs. man fejler to eller flere ting på én gang. Et typisk eksempel på komorbiditet er, at en person har *både* stress og depression. Det er desværre en ret hyppig kombination.

Depression såvel som udbrændthed indebærer *manglende vitalitet* – og er ikke sjældent forårsaget af hormonelle hjerneskader. Det kan opstå, når den del af hjernen, som håndterer kroppens stresshormoner, er udsat for stress gennem længere tid. Så begynder stresshormonerne at slå nerveceller ihjel. På hjernescanninger kan man se, at *hippocampus*, som regulerer kroppens stresshormoner, bliver mindre og dermed fungerer mindre effektiv.

Samtidigt vokser *amygdala*, som er den del af hjernen, der vedrører angst og frygt. Når den vokser, vokser dens indflydelse også. Da stress således har aktiveret frygtsystemet i hjernen, kan en længerevarende angstlidelse blive en konsekvens af stress, fordi *amygdala* er overstimuleret.

Sygemelding
En sygemelding er derfor en naturlig konsekvens, da man i stor grad har mistet arbejdsevnen. Det giver ikke mening at møde op på arbejdspladsen, for man har ikke meget at give. En anden vigtig ting er, at man har brug for fred og ro – og hjemmetid – for at komme sig. Der kræves restitution og behandling.

Det ses tit, at personers selvværd og følelse af eksistensberettigelse er vævet tæt sammen med deres arbejdsidentitet og præstationerne på deres arbejdsplads. Det er også noget, en stressramt bør tænke på og arbejde med.

Der kan typisk opstå bekymringer såsom: *Hvad nu, hvis det bliver værre? Hvad nu, hvis jeg ikke bliver rask igen? Hvor lang tid skal jeg gå sådan? Hvad nu,*

hvis jeg bliver fyret? Hvad nu, hvis jeg falder død om!
Kan jeg komme tilbage til mit arbejde? osv. [13]

Klar til at række ud

Det er som regel først i forbindelse med et egentligt stresssammenbrud, der manifesterer sig som et eksistentielt kollaps, en mental nedsmeltning, at mennesker føler sig klar til at række ud til sundhedsvæsenet, fordi smerten nu er blevet for stor til at gå med alene – og fordi livsubalancen er blevet ganske tydelig og uundgåelig for vedkommende selv. Man er klar til sygemelding og behandling.

Indtil da har man prøvet at *cope* og følge med og holde ud på bedste vis, måske har man taget smertestillende eller andre piller for at holde sig kørende – men nu er man moden til behandling, og man har brug for at række ud.

Kvinder er stadigvæk bedre end mænd til at henvende sig for at få hjælp med stress. Dog oplever et selskab som Danica Pension, at et stigende antal unge mænd henvender sig med stress. Hos dem er andelen af mænd i aldersgruppen 25- til 29-årige, der henvendte sig med stress, steget med hele 143 procent i årene fra 2020 til 2023.

Dermed ses en tendens til, at flere mænd i dag opsøger stresscoach og psykologhjælp. Mænd er blevet bedre til at ville sætte ord på deres følelser og bekymringer over for professionelt sundhedspersonale; og dét er ikke længere lige så tabubelagt som for 40-50 år siden. I det hele taget synes stress at være blevet alment *aftabuiseret,* nok fordi det i virkeligheden er så udbredt.

Ifølge Camilla Thind Sunesen, direktør for sundhedsudvikling hos fra Danica Pension, har kvinder længe været overrepræsenteret i statistikker over psykiske lidelser og mistrivsel, og måske har der været en form for mørketal blandt mænd. Tidligere gik mænd længe med problemerne selv, nu er tendensen, at mænd kommer på banen langt tidligere. Det er godt, for så kan hjælpen blive sat ind tidligere.

Mange fagforeninger har forsikringsordninger, hvor medlemmer med stresslidelse som en service kan få en henvisning til et antal "gratis" (i gåseøjne, fordi de jo egentligt selv har betalt for det via deres kontingent) konsultationer hos en stresscoach eller psykolog. [14]

KAPITEL 5: Udbrændthed, arbejdsvilkår og arbejdsmiljø [15]

Ekstrem psykisk og fysisk træthed og udmattelse ses hyppigt som en følgesygdom – eller snarere et udmattelsessyndrom – der har udviklet sig efter længere tids stress og perioder med belastende arbejdsforhold og for store interpersonelle krav. Man kalder det "udbrændthed" efter det engelske ord *burnout*. Nogle taler endog om, at Danmark oplever en udbrændthedsepidemi.

Med til at adskille udbrændthed fra almindelig stress er dette, at udbrændthed en særlig form for stress, der skyldes følelsesmæssig overbelastning, også kaldet omsorgstræthed. Ved udbrændthed er man totalt udtømt for følelsesmæssige og kognitive ressourcer – man døjer med kronisk træthed og er drænet for energi. Det skyldes som sagt længere tids psykisk overbelastning i forbindelse med varetagelsen af éns job (jfr. tysk *Berufskrankheit*). I *lægelig* forstand er udbrændthed, at en person har været i stressbehandling i ét år *uden effekt*.

> Stress og udbrændthed er ikke det samme. Udbrændthed er et resultat af uhelbredt, akkumuleret stress, f.eks. på grund af for mange ting at forholde sig til (*sneboldeffekt*) samt for mange interpersonelle stressorer. Således opstår udbrændthed, når éns stresstilstand har fået lov til at eskalere – og hjernen og psyken *udmattes* markant.

Udbrændthed opstår ikke sjældent i kølvandet på et stresssammenbrud, som får psykens problematikker til at eskalere – eller tilstanden af udbrændthed udgør selve sammenbruddet. Udbrændthed har mange årsager, bl.a. dårligt psykisk og fysisk arbejdsmiljø, men skyldes ikke kun arbejdsvilkår og forhold på arbejdspladsen. Dog viser undersøgelser, at *mange sygemeldinger er direkte forårsaget af dårligt fysisk og psykisk arbejdsmiljø*. Det samme gælder ved udbrændthed.

Afslappede og veltilpasse medarbejdere besidder mere overskud og energi til at udføre et godt og solidt stykke arbejde. For stressede medarbejdere gælder det modsatte, hos dem medfører stress i det lange løb faktisk *nedsat præstationsevne*. For virksomheder er det derfor god fornuft at passe på medarbejdernes helbred, så de ikke bliver så syge, at de bliver udbrændte.

Jeg hader følgende argument, da det jo er *de ansattes trivsel*, der bør vægtes højest, men det er rigtigt nok, at et sundt og venligt arbejdsmiljø med gode muligheder for selvrealisering og positiv brug af éns kompetencer *øger produktiviteten* og er *god økonomi* for organisationen samtidigt med, at det øger glæden, sammenholdet og tilfredsheden blandt medarbejderne.

Mange mennesker er flittige med deres arbejde, og deres arbejde fylder meget i deres liv. Mange ender med *at identificere sig* med deres arbejde, og de ser et lighedstegn mellem, hvem de er som personer, og hvem de er på arbejdet. Altså en stor grad af identifikation.

Mange ansatte tager arbejdet med hjem. Moderne teknologi, vores computere og mobiltelefoner, muliggør, at vi kan være på arbejdet derhjemme. For nogle flyder arbejdet ud over hele døgnet. Mange mennesker trives med dette – men ikke alle. De oplever det måske-omsiggribende *grænseløse arbejde* som belastende, for det giver dem en følelse af aldrig rigtigt at have fri.

Arbejdsskade?

En del medarbejdere forsøger at anmelde stress og udbrændthed som arbejdsskade, men de har svært at få stress godkendt som arbejdsskade. Det er, som om systemet (intenderet eller ej) arbejder imod den stressramte. Dette kan måske skyldes, at stress ikke anerkendes som en diagnose, men betegnes som en *midlertidig tilstand*. Med andre ord: stress opfattes ikke som en sygdom. Stress og udbrændthed er naturlige – men ubehagelige – *belastningsreaktioner,* der ofte vedrører organiseringen af éns arbejdsliv.

Manglende stabilitet på arbejdspladsen kan give de ansatte stress (ledelsen kan også få stress). Inkonstans kan opstå, når der er usikkerhed i ansættelsen, fyringsrunder, spareplaner og nedskæringer såvel som hyppige ændringer og omstruktureringer – især sådanne, som de ansatte har ingen eller kun ringe indflydelse på.

Invaliderende

For de fleste er udbrændthed temmelig invaliderende, fordi udmattelsen er alvorlig og kan forårsage alvorlige kognitive problemer og eventuelt *brain fog,* fordi der er opstået en usund tilstand i hjernen, hvor hjernens elasticitet et blevet nedsat – hjernen er jo "brændt af". Det tager desværre en del tid samt behandling at blive rask igen, når det først er nået så vidt.

På grund af disse omstændigheder følger det, at man er mindre produktiv og formår mindre. Udbrændte mennesker oplever lav energi, lav involvering og lav effektivitet. De mangler motivation og gåpåmod både hjemme og på arbejdet. Det kan afføde følelser af apati, ligegyldighed, frustrationer og håbløshed – og måske endog en form for hårdhed og kynisme. Ligeledes ses distancering fra mennesker og tendens til at isolere sig.

Udbrændthed og bestemte job

Stressramte job
I intet job kommer man sovende til sin løn, men nogle job er mere stressende end andre. Et arbejde på en skadestue/et sygehus eller som soldat/tv-reporter i en krigszone, arbejde som pædagog eller lærer er givetvis gennemsnitligt mere stressende end andre typer arbejde, som f.eks. bibliotekar, talepædagog og diætist (om end sådanne også kan gå ned med stress).

Men også arbejdsløse og førtidspensionister kan opleve stress. Og landmænd kan rammes af stress, hvis de f.eks. er under pres fra økonomien, omverdenen eller vejret, og hvis høsten svigter eller sygdom i besætningen.

I virkeligheden ser det ud til, at ansatte i de fleste, hvis ikke *alle*, brancher i virkeligheden kan rammes af stress. Således kan rengøringspersonale, kontorassistenter samt medie- og reklamefolk og alle andre job også være stressfyldte.

Hvem rammer udbrændthed?
Udbrændthed rammer tit mennesker, der arbejder med *at hjælpe* og *servicere* andre mennesker – eksempelvis i professioner som socialrådgivere; buschauffører; bioanalytikere; sygeplejersker; pædagoger; socialpædagoger; socialarbejdere; læger; politi- og ambulancefolk; SOSU'er; fysioterapeuter; ergoterapeuter; jordemødre; farmakonomer; journalister; undervisere med flere.

Det bemærkes, at også *elever* og *studerende* kan døje med stress (jfr. kapitel 8 om unge).

I virkeligheden kan udbrændthed ramme mennesker i alle erhverv – og også mennesker uden for arbejdsmarkedet – men som det ses, hænger udbrændthed ofte tæt sammen med éns profession og dermed det arbejdsmiljø, man arbejder i.

Det indbefatter de professionelle krav, der pålægges én udefra – såvel som af én selv. Forskningen har vist, at arbejdsrelateret stress bl.a. opstår som et resultat af høje krav og lav kontrol (indflydelse). Man taler da om *high job strain*. Denne belastning kan dog lettes, hvis man får konkret hjælp og støtte fra f.eks. en kollega eller bliver frataget nogle opgaver af sin leder.

Mange mennesker oplever stress og udbrændthed på det nuværende jobmarked. De overordnede strukturer, samfundsforhold og globale tendenser er helt klart med til at forårsage dette.

Vi bør anvende vores professionelle tid hensigtsmæssigt. En del steder møder "man sig selv ihjel", dvs. mødekulturen er overdrevet!

Forfatter og foredragsholder Bastian Overgaard peger på, at vi faktisk kan gøre noget i vores nærmiljø, hvis vi, når vi inviterer hinanden til møder, i stedet for 100% snak, kan bruge noget af tiden på at sænke skuldrene og hæve os op i et højere perspektiv – og ikke fortabe os i detaljer. Manglende overblik er en markant medvirkende faktor til stress. Og ikke spilde mødetiden!

Bastian Overgård har dannet ordet *ordskred* (i analogi med *jordskred*) for det udbredte fænomen, at møder kan udvikle sig til en lavine af ord uden fælles fokus eller reelle målsætninger.

61

ordskred

substantiv, intetkøn

BØJNING: -det, dene
UDTALE: [joɐ̯ˌsgʁeð]
BETYDNING: en verbal lavine – i møder og samtaler – som truer
med at drukne mennesker, mening og mentalt overskud

BastianOvergaard.dk

Stress og udbrændthed i professionsfagene

Trivselsundersøgelser viser igen og igen, at stress rammer hårdt i professionsfagene, og det er blandt andet, fordi ansatte i disse fag dagligt eller ofte møder en stor mængde syge og mennesker med væsentlige udfordringer, som de skal bistå og hjælpe.

Det er almindeligvis ikke den hjælp i sig selv, der skal ydes fra den professionsuddannede til borgeren, der volder problemer. Det er tit alle de andre ting udenom. All right, hjælpen fordrer godt nok de ansattes følelsesmæssige deltagelse og tilstedeværelse, og det er selvfølgelig krævende at arbejde med f.eks. døende mennesker eller på en skadestue med alvorligt tilskadekomne patienter.

Sådan et arbejde kræver, at mange svære følelser og situationer skal håndteres og fordøjes – det er superbelastende, men hvis arbejdspladsen ellers fungerer optimalt, og de ansatte har tid nok og får den støtte fra kolleger og ledelse, som de har brug for, skulle det kunne gå.

Tidspres er en væsentlig stressfaktor. Hvis man tit har korte deadlines, kan man føle et konstant pres, og skønt man måske oplever det som interessant og produktionsfremmende i begyndelsen, så kan det i længden blive yderst træls og belastende.

Følelsesmæssig involvering, meget *på*-tid (dvs. man er *på* "hele tiden"), trusler, vold, pressede tidsfrister, dårlig arbejdsplanlægning, for mange bolde i luften på én gang, for stort ansvar for alt for mange ting på én gang, lav indflydelse på arbejdets tilrettelæggelse, at den ansatte bliver kørt i rovdrift mht. vagter og arbejdsskema, for få hænder til at løse de givne arbejdsopgaver er noget af det, der dræner og kan lede til udbrændthed.

Måske kan det være en løsning, at de ansatte indgår i en rotationsordning, hvis de har lyst, så de ikke hænger fast i en stilling med meget belastende forhold, men har mulighed for at flytte sig fysisk, psykisk og mentalt – så det konstante specifikke belastningspres kan formindskes.

Udbrændt som jurist [16]

Jurist Inge Hansen var dommerfuldmægtig i 35 år, inden hun skiftede livsbane, fordi hun gik ned med *stress*. Hun har skiftet sit grænseløse arbejde med fart på ud med et job som rengøringsassistent og et roligt liv på den bondegård i Odsherred, hvor hun er født og vokset op. Her nyder hun den ro og den udsigt ud over marker, man kan opleve her.

Hun føler mere frihed såvel som fysisk og psykisk udfoldelsesrum i de landlige omgivelser. Førhen oplevede Inge Larsen fremmedgørelse i sit job og begyndte at sætte spørgsmål ved den måde, som hele arbejdskulturen er bygget op. Ifølge hende er det vores samfundsstruktur, som "skaber en arbejdskultur, der ødelægger mennesker, og som de færreste tør gøre op med. Og det at gå fra at være jurist til rengøringsassistent er blot en konsekvens af det præstationssamfund, som flere og flere bukker under for."

Inge Hansen erfarede, at arbejdspresset tog fysisk og psykisk hårdt på hende. Mellem møderne gik hun ofte ud for at kaste op, hun fik mavesår, og hun blev tit svimmel – typiske symptomer, der ses ved stressbelastning.

På hendes tidligere arbejdsplads var der hele tiden en række forbedringer inden for it, der skulle implementeres. Hun oplevede, at hun var omgivet af alt for mange krav og forventninger – og følte sig magtesløs og utilstrækkelig.

Skønt hun mistrivedes i sit job, fortsatte Inge Hansen med at arbejde i retten, hvilket nok er ret typisk for stressramte. De fleste er pligtopfyldende og har måske noget af en tryghedsnarkoman i sig: *Man ved, hvad man har, men ved ikke, hvad man får.* Det kan være utrygt at gøre noget nyt. Men en dag var bægeret fyldt, og Inge Hansen måtte ophøre med at arbejde dér. Og hun opdagede, at hun *var nødt til* at skabe forandring.

Hendes stress bevirkede, at hun ikke kunne finde selv de meste enkle ord; hun frygtede, at hun var blevet dement, hvilket er en typisk frygt, som udbrændte har. Ingen Hansen var fysisk og psykisk udbrændt. Dette viser os, hvilke indgribende konsekvenser stress og udbrændthed i virkelighed har for vores hjerner og for vores kognitive system – ja, vores helbred i det hele taget. I dag arbejder Inge Hansen som rengøringsassistent på deltid og har lidt indtægt fra en pension. Hun har mere tid og oplever mere overskud. Hun mener, at vi hver især har et ansvar og en forpligtigelse over for os selv til at stoppe op, inden det er for sent, for samfundet gør det ikke altid.

Overdreven skærmtid og alt for mange kognitive input er udbredt i dag. Hendes kritik retter sig mod selve arbejdskulturen i vor tids præstationssamfund, hvor man hele tiden skal præstere og producere mere og hurtigere. Dette er en vigtig pointe, for arbejdsmarkedets indretning og accelererende krav har en skadelig indvirkning på mange ansatte.

Stress og udbrændthed i omsorgs- og relationsfag

Som nævnt er det blandt andet ansatte i omsorgs- og relationsfag, der bliver ramt af udbrændthed. Man *får* meget af sine medmennesker i sådan en stilling, men man forventes også *at give* meget.

Det betyder, at man kan blive *omsorgs-* og *relationstræt*, dvs. at man kan blive træt af hele tiden *at relatere sig* til andre (evt. at have ansvaret for dem) og af hele tiden *at give* til andre, der (naturligvis legitimt nok) har brug for éns hjælp og assistance, f.eks. klienter på et socialkontor, patienter på et hospital eller elever på en uddannelsesinstitution.

Omsorgstræthed kaldes på fransk *la fatigue de compassion.* Begrebet *compassion* ("medfølelse, barmhjertighed") vedrører noget med at give, støtte og gøre noget godt for andre. Man er glad for sit arbejde og *vil* gerne give og servicere, men man kan opleve, at man løber tør for at give, hvis kilden i kortere eller længere tid (men forhåbentlig ikke for altid) bliver udslukt!

Omsorgstræthed og relationstræthed er udbredt, men er dog ikke én til én ensbetydende med stress eller udbrændthed – dog *kan* omsorgs- og relationstræthed føre til det, hvis man ikke er opmærksom på det og passer på sig selv.[17]

Man taler meget om *det grænseløse arbejde*, dvs. at man aldrig har fri, fordi man "altid" kan arbejde – både på arbejdspladsen såvel som derhjemme. Det gælder inden for mange fag. Her er det vigtigt at udvikle evnen til begrænse sig, dvs. sætte nogle grænser for, *hvornår* og *hvor* meget man arbejder.

I denne sammenhæng er begrebet *work-life balance* også relevant. Skønt Danmark generelt har en god score på denne balance, gives der naturligvis store individuelle forskelle herhjemme. Dog er Danmark som land placeret langt bedre end lande som Storbritannien, Polen, Tjekkiet, Østrig, Estland, Slovenien og Ungarn i statistikker over *work-life balance*

Relationsarbejde kan være ganske trættende og udmattende. Det ses hyppigt blandt sygeplejersker, fængselsbetjente, politifolk, SOSU'er, læger, ansatte på callcentre og ansatte med klientarbejde samt undervisere og mennesker i andre professioner.

Gymnasielærere
På nogle arbejdspladser er der mangel på gennemsigtighed i tildelingen af arbejdsopgaver (i gymnasieskolen gælder dette f.eks. i kølvandet på overenskomsten af 2013). Mange arbejdspladser er pressede på økonomien,

og dette økonomiske pres væltes ikke sjældent over på de ansatte, der skal dække hullerne i økonomien. Lønninger er en stor udgiftspost. Så hvis man kan spare her, batter det noget. Ved at trække økonomikortet, kan en ledelse få en ansat til at arbejde mere. Dels er den ansatte glad for sit arbejde, og dels kan vedkommende "jo nok træde til i en nødsituation". Problemet er bare, at nødsituationer ofte risikerer at blive *permanente*, dvs. at den pågældende ansatte nu permanent har fået overarbejde, vedkommende ikke har bedt om, og måske ikke får løn for. Det kan blive en vedvarende tilstand, for man har jo vist, at man klarer den ekstra arbejdsbyrde.

Følgende er et interessant citat fra en artikel i fagforeningen GL's (Gymnasieskolernes Lærerforenings) medlemsblad *Gymnasieskolen*:

> Mange gymnasielærere oplever en uforudsigelighed og magtesløshed i arbejdet, viser ny undersøgelse. Det skyldes især et stigende arbejdspres med høje kvantitative krav, modstridende krav og høje følelsesmæssige krav. [18]

Artiklen nævner uforudsigelighed og magtesløshed som dårlige arbejdsbetingelser. I forlængelse heraf forklarer Nana Vaaben, ph.d. og forsker i arbejdsmarkedsforhold, følgende:

> Det er ret betydningsfuldt, at man som arbejdstager til en vis grad selv kan bestemme over sin tid og har styr på, hvor mange og hvilke opgaver man skal nå. Men hvis der hele tiden er et usikkerhedsmoment, hvor man pludselig kan få opgaver man ikke regnede med, så skaber det en ustyrlighed i

arbejdet og en følelse af, at man ikke mestrer arbejdet og ikke kan lykkes. Det kan virke stressende. [19]

Disse citerede forhold er ikke uvæsentlige for det psykiske arbejdsmiljø og dermed også for arbejdsglæden. Opgaver, der kan dukke op ud af det blå kan forekomme, hvis en lærerkollega *af helt legitime årsager* pludselig ikke kan undervise i en kortere eller længere periode (lærerkollegaen kan eventuelt have problemer med adfærdsvanskelige børn derhjemme, kan være blevet alvorligt syg med en kræftdiagnose o.lign. eller være gået ned med stress).

Uanset hvad betyder det dog, at arbejdsmængden stiger for andre, hvis der ikke hyres vikarer (og det gør der ikke altid)!

Når der ikke hyres vikarer, sker det, at de andre lærere (også fuldtidsansatte) skal dække det nu opståede hul i skemaplanen ved at få ét eller to hold mere, der skal undervises (hvilket er ensbetydende med pålagt, ufrivilligt overarbejde) i stedet for at ansætte vikarer – og her bruges dårlig økonomi ikke sjældent som begrundelse for, hvorfor uddannelsesinstitutionen ikke kan ansætte vikarer.

I stedet vælger de dermed at risikere at køre de lærere, der ellers passer deres eget arbejde og eventuelt har fuld tid, og som nu skal have flere hold, de ikke har bedt om, *psykisk i sænk!*

Ovenstående bekræfter, at det er den enkelte underviser selv, der sidder med sorteper, idet stress ofte opstår af ydre faktorer, man ikke selv er herre over, f.eks. hvis man pålægges overarbejde.

Men naturligvis også éns tanker om det. Udkørthed, tankmylder og en ikke mindst en stærk følelse af *uretfærdighed* kan få læsset til at vælte.

Nyuddannede lærere

Som nævnt er udbrændthed ofte en videreudvikling fra kronisk stress. Mange lærere (herunder nyuddannede) oplever et ret presset arbejdsmiljø på mange skoler. Der er mange eksempler på, at uddannede folkeskolelærere støder hovedet mod muren og bliver udbrændte i en tidlig alder, fordi de ikke besidder alle de ressourcer, som det faktisk kræver at navigere i en mangefacetteret og stressende stilling som folkeskolelærer eller timelønnet lærervikar i dag.

Det er der flere årsager til: en presset arbejdsdag, med stor spændvidde i elevsammensætningen, med et højt konfliktniveau (undertiden med vold til følge) i visse klasser og med store udfordringer til deres følelsesmæssige investering – ud over det rent faglige. Utilpassede børns dårlige opførsel er ingen sjældenhed.

En dag kunne man på forsiden af Berlingske.dk læse følgende bemærkelsesværdige og skræmmende overskrift: "Folkeskolens yngste elever slår, sparker og bider" – om voldelige elever på *nogle* skoler. [20]

Der kan være mobning, trusler, vold og chikane til stede mellem eleverne – men disse kan også være rettet mod læreren eller vikaren. Nogle børn er ikke kun utilpassede eller meget livlige; en del er også udadreagerende og decideret adfærdsvanskelige. [21]

I september 2024 kunne man læse en overskrift i Politiken, som fortalte, at en kvinde giver op, fordi det, hun har oplevet i sin karriere som skolelærer i Københavns Kommune de senere år, har knækket hende. Læreren hedder Sara Rosa Andrée og fortæller, at hun har valgt at forlade folkeskolen. I dag læser hun dansk på Københavns Universitet.

Om den beslutning, som ligger bag hendes karriereskift, forklarer hun dette:

> Det føles, som om jeg forlader den synkende skude, og det gør jeg vel egentlig også. Jeg redder mig selv, for jeg skal holde et langt arbejdsliv. Her, inden jeg rammer de 40, gør jeg et skifte, prøver at finde en ny vej, hvor jeg kan få lov til at brænde med mit engagement og gøre en forskel – dog uden at brænde op.

Citatet viser, at ikke alle folkeskolelærer oplever at have gode arbejdsvilkår. Sara Rosa Andrée nævner dette at brænde op – og det er jo en hovedingrediens i udbrændthed. Og det, hun så gør, er at vælge et andet karrierespor, netop fordi hun følte, at hun kunne risikere at blive udbrændt i sit tidligere virke.

Sundhedspersonale
Sundhedspersonale omfatter mange faggrupper, f.eks. bioanalytikere, zoneterapeuter, fysioterapeuter, ergoterapeuter, sygeplejersker, SOSU'er, psykologer, læger, psykiatere, redningspersonale m.fl. Disse mennesker arbejder i omsorgs- og relationsfag.

Faktisk har hele 88 procent af de kirurgiske læger på Bornholms Hospital (det er næsten alle sammen!) følt sig *stresset* inden for en periode på blot seks måneder i 2024. Det er en stigning i forhold til 2021, hvor det var 65 % – hvilket også er en temmelig høj andel.

Dette tal ligger også højt for læger, der arbejder med medicinske sygdomme, hvor 83 procent i 2024 har følt sig *stresset* i løbet af seks måneder. Dog skal det med, at i flere af de andre afdelinger på hospitalet er stressen blevet mindsket ifølge APV-målingen, bl.a. på grund af vikaransættelser. Stress forårsager underbemanding, fordi der er mangel på sundhedsfaglige medarbejdere i mange faggrupper i Danmark, hvilket skaber overbelastning for de andre. Som bekendt har sundhedspersonale et ganske ansvarsfuldt job. Dette er ofte ret være psykisk belastende. Bornholms Tidende fortæller, at Bornholms Hospital bl.a. har indført systematiseret fokus på såkaldt *defusing* efter nattevagter. Det er en samtale, hvor vagtens udfordringer tales igennem med leder, ligesom der er ekstra fokus på prioritering af opgaver. Der er en stigende bevidsthed om at forebygge arbejdsulykker og arbejdsskader, f.eks. tunge løft, *debriefing,* men også stress på arbejdspladsen. [22]

Også falckreddere, brandmænd m/k og politifolk har *debriefing,* når de har været indsat i ekstraordinært krævende redningsaktioner eller politiforretninger.

A r b e j d s v i l k å r

Fred og ro i ferien

Ifølge en undersøgelse af Norstat af et repræsentativt udsnit af 1019 lønmodtagere foretaget i juni 2024 for fagforeningen og a-kassen *Business Danmark* sker det, at *hen imod hver tredje medarbejder* bliver kontaktet af deres arbejdsplads, mens de holder ferie, idet 29 procent er blevet kontaktet af arbejdspladsen i en ferie.

Knap hver anden svarede i undersøgelsen, at de *føler sig forpligtet* til at svare en chef eller en kollega i ferien, og at de dermed *de facto* løser arbejdsopgaver i ferien. Formanden for *Business Danmark,* Martin Kildgaard Nielsen, udtaler i denne anledning dette til TV2:

> Det er afgørende, at medarbejdere får lov til at koble helt fra og nyde deres ferie uden forstyrrelser, da det er essentielt for deres mentale helbred og generelle trivsel (…) Ferietiden er utrolig vigtig at prioritere højt, for at vi er i stand til at kunne præstere resten af året, uden at det kommer til at gå ud over den mentale sundhed. [23]

Forebyggelse

Det er vigtigt at nævne, at arbejdsmiljøet på en given arbejdsplads *ikke nødvendigvis er statisk,* men derimod kan variere fra tidspunkt til andet, dvs. at arbejdsmiljøet på nogle arbejdspladser i virkeligheden er ganske foranderligt, kan være sæsonpræget, og intensiteten og presset kan gå op og ned – dvs. være bedre eller værre – set hen over tid. Men selvom presset kan variere, bør arbejdspladser alligevel gøre en ihærdig indsats for stressforebyggelse.

Det er nødvendigt, at vi kan tale om stress og gøre noget konstruktivt ved det. Ifølge Arbejderbevægelsens Erhvervsråd koster arbejdsrelateret stress samfundet 55 mia. kr. om året, og det sænker arbejdsudbuddet med 55.600 fuldtidsansatte hvert år. Det er store tal.

En befolkningsundersøgelse, som HK har fået lavet hos Epinion i form af 1.240 interviews i maj 2024 viser, at 53% af de ansatte oplever, at det er acceptabelt at tale om stress og arbejdspres på arbejdspladsen – men kun 35% mener, at deres nærmeste leder rent faktisk har kompetencerne til at håndtere stress blandt medarbejderne.

Af disse årsager bør stressforebyggelse være et højt prioriteret indsatsområde på alle arbejdspladser, i alle organisationer. Og forebyggelsen bør omfatte alle kendte, effektive forebyggelsesmetoder.

Stress rammer individuelt, men skal forebygges og håndteres kollektivt, mener fagforeningen HK; eksempelvis er det positivt, hvis virksomheder har en officiel, formuleret (dvs. nedskrevet) stresspolitik. [24] Meget taler for, at der fra offentlig side bør være et øget fokus på udbredelsen og konsekvenserne af stress i al almindelighed – samt i marginaliserede grupper, dels i privatlivet såvel som i arbejdslivet, f.eks. som følge af diskrimination, da disse grupper oplever større tilfælde af stress og udbrændthed.

Vigtigt: Forskellige medarbejdere har forskellige behov og ønsker, som det vil være optimalt, hvis en arbejdsplads kan tilgodese. Gode muligheder for at realisere sig selv og sit faglige-menneskelige potentiale, vil alt andet lige være med til at fremme arbejdsglæden hos de enkelte medarbejdere.

Pauser og hjernepauser
Hvis man har en hektisk hverdag med mange input og mange krav, kan ferie én et tiltrængt pusterum, hvor man kan få fornyet energi – medmindre man tager arbejdet med på ferien! Nogle arbejdspladser har digital tilgængelighed som et krav, også i weekender og i perioder med ferie; det er ikke så hensigtsmæssigt set fra et psykologisk synspunkt. En ferie er en rigtig god anled-

ning til at give sin hjerne en tiltrængt pause fra hverdagens mange gøremål – og fokusere på andre ting. Er man ude at rejse, kan man prøve at være tilstede på feriestedet frem for at være mentalt derhjemme på arbejdet eller have hovedet i arbejdscomputeren.

Hvis man er underviser og har mange lektioner på én dag, er det vigtigt at holde pauserne og ikke bare arbejde i frikvartererne eller bruge dem sammen med elever.

Det er vigtigt for hjernen at få pauser – hjernero – så den kan få tid og rum til at få fornyet energi og samtidig slippe for at være på.

Man skal passe godt på sin hjerne, sin energi og sin psyke. Det gør man bl.a. ved at holde *hjernepauser*, få en god og solid søvn, spise sundt, få frisk luft og bevæge sig. Disse ting er vigtige at huske, også når man er på arbejde.

Måske kan man ikke lige sove på arbejdet, men hvis man har sit egen kontor, kan man muligvis godt tage en powernap på 5-10 minutter og derigennem lade batterierne op.

Hjernepauser vil sige at flytte fokus fra det, man arbejder med, og hvor man tager sig tid til at tanke op. Det vil sige, man bruger sine hjernepauser til at skifte fokus gennem en anden aktivitet, kort, på eksempelvis 1-7 minutter, hvor man gennem bevægelse, koncentration og koordination genererer ny energi og evne til at fokusere. Man kan eksempelvis kigge ud ad vinduet og se ud i horisonten; gå en tur; gå udenfor i den friske luft og evt. lave åndedrætsøvelser. Hjernepauser hjælper med til at den enkelte kan beholde jordforbindelsen og undgå at komme for højt op i gear. [25]

Det samme kan man sige om mindfulness, hvis personen tager en kort pause for at dykke ned i mindfulness eller en anden form for meditation.

Ledelse

Der er ingen tvivl om, at en arbejdsplads eller organisations ledelsesstil er en hjørnefaktor for medarbejdernes trivsel og psykiske helbred. Ledelsen har et vigtigt og stort ansvar for deres ansattes ve og vel. Ikke mindst i tider med effektiviseringer, omstruktureringer, nedskæringer og underbemanding.

Der var i 2024 en kedelig sag hos partiet Moderaterne, hvor der angiveligt var eksempler på mobbelignende adfærd på arbejdspladsen, herunder en nedladende og ubehagelig tone over for de ansatte fra ledelsens side. Den slags ses desværre på en del arbejdspladser; men glædeligvis er der også mange arbejdspladser, hvor den slags ikke sker.

Uanset hvad, er det vigtigt at være bevidst om omgangstonen på alle arbejdspladser – og det er altid et ledelsesansvar – ikke kun hos Moderaterne – at sørge for, at arbejdsklimaet er rart og alle medarbejdere, dvs. de skal aktivt *bekæmpe* mobning, intriger, chikane samt diskrimination, f.eks. af handicappede, anderledestænkende eller bøsser og lesbiske, transer osv.

Dårlig ledelse er helt klart tit årsag til stress hos medarbejderne. Dårlig ledelse kan f.eks. være *vag* eller *uklar* ledelse. Berøringsangst mht. at tage vare på og løse vigtige problemer og manglende ledelsesmæssig *støtte*. Der kan opstå mange problemer på en arbejdsplads, f.eks. lærere der står over for elever, der optræder som små gangstere i klassen med en nederen attitude, trusler og vold; elever der konstant snyder med AI i deres opgaver; eller enkelte elevers forsøg på *drugge* andre elever til en fest ved at putte et farligt stof i deres glas.

Selvom der er mange dygtige og kompetente ledere rundt omkring, er det en kendsgerning, psykopatiske ledere *findes,* og disse kan være ensbetydende med dårlig, lunefuld og inkonstant ledelse. De vil typisk udvise *manipulerende, dominerende, uforudsigelig* og *toksisk adfærd.* Det vil af de fleste medarbejdere opleves som skabende unødighed utryghed og ubehag på arbejdspladsen. Denne særlige type ledere kan være omskiftelige og misundelige. Det kan byde dem imod, hvis der er medarbejdere er fagligt dygtigere end dem eller kører i en større bil end dem. Psykopatiske leder kan vise sig at være storslemme mobbere.

Men *heldigvis* er de fleste ledere *sympatiske* mennesker, der forstår at alle ansatte i en organisation har *fælles interesser* mht. at skabe en god arbejdsplads, et godt arbejdsklima og en positiv produktivitet.

Men som ansat er det svært ikke at undlade at tænke på, om éns ledelse nogensinde tænker på, om alle de ting, de pålægger medarbejderne, sker i et rimeligt omfang og er befordrende for et godt arbejdsmiljø.

Drager ledelsen godt nok omsorg for de ansattes helbred og trivsel – eller glemmer de denne vigtige del i en hektisk hverdag, og alle har travlt, og hvor endeløse rækker af gøremål opsluger opmærksomheden for de fleste. Dette rejser dette essentielle spørgsmål: *Skal en ledelse passe på og drage omsorg for medarbejderne – eller skal den ansatte selv passe på og drage omsorg for sig selv?* Hvem har ansvaret? Ansvaret er delt, begge parter har et ansvar. Lederne har et ansvar for at tildele en tilpas arbejdsbyrde og skabe et godt klima på arbejdspladsen.

Samtidigt har medarbejderen også et vist ansvar for at passe på sig selv samt være med til at skabe et godt klima på arbejdspladsen. Det er jo en gevinst for både arbejdsgivere og arbejdstager, hvis alle parter kan have et sundt, velfungerende og produktivt arbejdsliv.

Stressede ledere
Også ledere og chefer kan være fanget i en ond cirkel på deres arbejdsplads, som til syvende og sidst resulterer i stress og måske endog stresssygemelding. Det kan være stressende at være den, der har ansvar, når der er betydelige problemer i organisationen, f.eks. nedgang i salget eller indtjeningen – og der skal foretages nedskæringer eller endog fyres medarbejdere osv.

Et andet og måske overset forhold kan være, at lederen føler sig alene i sin rolle som leder – som en lus klemt mellem medarbejdere og direktører, men skal dog gennemføre upopulære beslutninger, f.eks. nedskæringer eller fyring – tiltag, der måske i bund og grund byder vedkommende selv imod. Da kan der opstå indre etiske konflikter, som kan være yderst ubehagelige for den enkelte leder. Ledelsesstil kan også påvirke arbejdsmiljøet på de forskellige arbejdspladser. En nærværende og engageret ledelse, der giver medindflydelse og samtale, vil af de fleste opfattes som berigende for deres arbejdsglæde frem for en fjern og autoritær ledelse, der giver ringe medindflydelse.

Opsummering

Alt i alt kan årsager til udbrændthed være en ophobning af følgende omstændigheder i forbindelse med varetagelsen af én job på arbejdspladsen:

- For store følelsesmæssige krav
- At blive presset ud over sine egne grænser; overdreven arbejdsbyrde og arbejdspres
- Konflikter på arbejdspladsen eller med tredjepart (f.eks. kunder eller elever)
- Dårligt kollegaskab: kolleger der bagtaler og lyver, er ophav til misundelse, mobning og chikane
- Manglende sikkerhed i ansættelsen og andre former for utryghed på arbejdspladsen
- Manglende inddragelse i tilrettelæggelsen af arbejdsopgaver; manglende kontrol og indflydelse
- Uforudsigelighed; manglende forudsigelighed i arbejdet
- Manglende anerkendelse; manglende belønning
- Hyppige ændringer i arbejdsgangen eller i organisationen
- For stor arbejdsbyrde

- Manglende ledelsesmæssig støtte; dårlig ledelse
- Manglende motivation
- Manglende mening
- For meget natarbejde el. skiftende arbejdstider
- Lange arbejdsuger og lange perioder væk fra familien
- Det grænseløse arbejde
- Manglende følelse af retfærdighed
- Forskubbet *work-life balance*
- Mangle jobanerkendelse trods fint arbejde
- Manglende restitution mellem kævende opgaver
- Manglende (mulighed for) opdatering og efteruddannelse

Små ændringer i arbejdslivets rutiner kan gøre en kæmpeforskel for medarbejdernes trivsel. Mens nogle dele af arbejdsmarkedet eksperimenterer med bedre arbejdsforhold, bliver andre dele af arbejdsmarkedet stadig mere krævende, ikke mindst i offentlige stillinger, hvor arbejdstilrettelæggelsen er ret dårlig og urimelig set fra de ansatte synspunkt, f.eks. på sygehuse og andre steder med kronisk underbemanding og dårligt arbejdsmiljø i øvrigt – men ikke alle steder.

Heldigvis er der gode forhold på *nogle* offentlige arbejdspladser, herunder visse sygehuse. Det hele kommer an på ledelsen – og oven over ledelsen de bevillingsgivende myndigheder. Det handler om penge, bevillinger. Der er ingen tvivl om, at årevis med nedskæringer skaber dårligt arbejdsmiljø.

På nogle arbejdspladser eksperimenterer de med kortere arbejdstid, eksempelvis en firedages arbejdsuge. Det kunne måske være en idé at forske meget mere i.

Impostersyndromet

Mindreværd hos nogle ansatte kan også forårsage stress. Det er den slags mindreværd, som kaldes for "imposter-syndromet". En del danskere lider af dette syndrom, ifølge statistikken kvinder lidt mere end mænd og i alle aldre. Det engelske ord *imposter* betyder "bedrager".

Det indgroede mindreværdskompleks (givetvis et introjiceret tankemønster – kognitivt skema – grundlagt i barndommen) gør, at en person har et fagligt mindre-værd. Vedkommende frygter ikke at være fagligt god nok til sit arbejde og frygter at fejle og blive udstillet som inkompetent. Hele tiden går vedkommende og er bange for, at "bedraget" bliver opdaget. "Bedraget" be-står i, at "imposteren" lader som om, at han eller hun er dygtig og kan klare "det hele", selvom vedkommende inderst inde slet ikke selv føler det pga. det faglige min-dreværd. De går ubevidst og venter på – frygter – at det en skønne dag bliver opdaget og åbenbart for alle, at de ikke er "gode nok"; de føler sig inkompetente.

I virkeligheden er de nok slet ikke bedragere, men deres mindreværdskompleks får dem til at frygte at være det – og det kan få dem til at bære en kompense-rende maske for at skjule deres indre konflikt. Det er naturligvis anstrengende i det lange løb.

Impostersyndromet udøver *et indre forvent-ningspres,* der skaber stor mistrivsel, ikke mindst i vores tid, der jo i høj grad er præget af *præstationskultur* og deraf afledt *øget konkurrence på arbejdsmarkedet.*

Komplekserne kan føre til, at personen kompen-serer ved at *overforberede sig,* for at dække over følel-sen af inkompetence. Nogle ender derfor med at blive udprægede perfektionister og anerkendelsesjunkier. Det er barskt at skulle leve og næres af andres anerkendelse, hvis éns faglige selvværd er lavt. Det er hårdt arbejde i længden.

Hvis vedkommende derfor arbejder alt for meget over normen, kan det sammen med ubalancen ved mindreværdskomplekset – impostersyndromet – være en væsentlig stressfaktor og meget hæmmende for de pågældende personers selvudfoldelse.

Mennesker med impostersyndrom kan med fordel søge behandling derfor eksempelvis i kognitiv adfærdsterapi (CBT, kapitel 11), hvor man arbejder med tankemønstre, selvbillede og fejlagtige opfattelser.

Behandling

Mange år i høj fart i hamsterhjulet kan sætte sine dystre spor i medarbejdernes fysiske og psykiske helbred. Et stresssammenbrud er en dramatisk affære og en ret så plagsom og markant oplevelse, som de ikke kan fleste sidde overhørig: De vågner op og indser, at de må gøre noget. Og dette "noget" implicerer behandling, hvilket gennemgås i anden halvdel af denne bog, dvs. terapiformer.

Dette er særdeles vigtigt, da stress og dårligt arbejdsmiljø påvirker medarbejdernes fysiske og psykiske helbred. Eksempelvis viser nyere dansk forskning, at hvis man har et stresset arbejde eller oplever meget stress i forbindelse med varetagelsen af sit arbejde, risikerer man senere i livet at udvikle kroniske sygdomme såsom diabetes, kræft, astma, psoriasis, KOL, hjertefejl eller demens (især mænd). Dette viser, at der er en tæt sammenhæng mellem arbejde, stress og følgevirkninger af stress. [26]

Næste kapitel handler om PTSD, og kapitlet efter handler om stress og personlighed.

KAPITEL 6: PTSD

PTSD er et stresssyndrom, der grupperes sammen med angstlidelser. Navnet betegner en *posttraumatisk belastningsreaktion*. Forkortelsen PTSD stammer fra engelsk *Post-Traumatic Stress Disorder*. Betegnelsen fortæller en hel del: Med tiden og efter ét eller flere voldsomme traumer melder efterhånden (dvs. ikke lige med det samme) en markant belastningsreaktion sig hos den PTSD-ramte, skønt man kan have oplevet markante, akutte krise- og andre reaktioner, da det skete. PTSD kan eksempelvis melde sig ½ år efter urtraumet, men også *mange* år efter. PTSD er en udpræget *stresslidelse*.

PTSD og kompleks PTSD

PTSD kaldes det, når det grundlæggende set er ét urtraume fra en given kortere periode, som syndromet er organiseret omkring. Svær psykisk belastning har lagret sig – sat sig fast – i den PTSD-ramtes psyke. Det kan f.eks. være en voldsom trafikulykke, en naturkatastrofe såsom en tornado eller en tsunami, et overfald, et terrorangreb, voldtægt, vanrøgt, krig og lignende, hvor de rædselsvækkende oplevelser kan være kombineret med følelsen af, at éns eget og evt. andres liv har været i fare.

Kompleks PTSD kaldes det derimod, når flere urtraumer fra forskellige perioder af en persons liv har ophobet sig i vedkommendes psyke. Det kan være forskellige traumer fra barndommen, hvortil der kommer yderlige voldsomme traumer til i voksenalderen. Man taler om *akkumulering af stressbelastninger* i kraft af kroniske og gentagne traumer, som en person udsættes for.

Kompleks PTSD betegner derfor længerevarende perioder med langvarig traumatisk stress, som eksempelvis vold i barndomshjemmet, tortur og misbrug i barndommen. Tilsammen giver alle disse en grundlæggende forstyrrelse af selvet. Dette er en hyppig faglig skelnen, men hvis symptomerne er udprægede, kan kompleks PTSD dog også opstå efter blot en enkelt alvorlig traumatisk hændelse.

Kompleks PTSD påvirker alle dele af vedkommendes personlighed. Hyppigt ses stofmisbrug eller excessiv hashrygning samt voldsom og udadreagerende aggressiv adfærd – og tillige risikovillig adfærd, hvilket kan give sig udtryk i en opsøgen af ekstreme eller risikofyldte oplevelser (bungee jump, bjergklatring), usikker sex, vild færdsel i trafikken og selvdestruktiv adfærd (dvs. selvskade). Kernen i denne type adfærd og reaktionsmønster er, at evnen til hensigtsmæssig affektregulering er slået i stykker.

Om der er tale om almindelig PTSD eller kompleks, handler om en persons *resiliens* (modstandsdygtighed) og *håndteringsevne*. Har man som barn være udsat for meget psykisk og emotionel stress, kan man have større sårbarhed og mindre resiliens.

I den følgende gennemgang skelnes ikke mellem alm. og kompleks PTSD, da de to syndromer har mange fællestræk. Der er forskel i den måde, hvorpå fagfolk behandler PTSD hos børn og unge, henholdsvis voksne.

PTSD og krig
Man kan inddele PTSD i grader alt efter alvorligheden og antallet af symptomer. På denne baggrund taler man

om *mild, moderat, svær* og *kompleks* PTSD. I denne bog lægges der vægt på den psykologiske side af PTSD.

Oprindeligt blev betegnelsen PTSD anvendt om soldater, torturofre og andre mennesker, der havde været i krig eller havde været udstationeret ved eller nær fronten, og som, når de vendte hjem, var psykisk skadet af overvældende krigsoplevelser, eksempelvis granatchok, vejsidebomber, gidseltagning eller fangelejrsyndrom – og som derfor var fyldt af mareridtsagtige psykiske traumer.

Mange soldater og andre har smerteligt måttet sande, at de ikke er taget ud og kommet hjem som de samme personer fra en krig. Der er sket noget – en forandring. De kan have været impliceret i ulykker, hvor de har pådraget sig fysiske skader såsom skudsår eller frakturer (hvor noget er brækket).

Et væsentligt problem for mange militære PTSD-ramte er, at sundhedssystemet og Forsvaret ikke synes særligt godt gearet til at behandle dem og tage vare på dem.

Andre grupper af PTSD-ramte omfatter politibetjente og falckreddere, der har oplevet mange grimme ting i løbet af deres arbejdsliv og har været ude for mange hændelser, der involverer ulykker og situationer, hvor det drejer sig om liv eller død.

Ikke kun krig
PTSD kan i princippet ramme hvem som helst, ikke kun soldater i krig. Statistikkerne viser, at op imod 8-9 % af den danske befolkning på ét eller andet tidspunkt i deres liv rammes af PTSD – og faktisk rammes flere kvinder (to tredjedele) end mænd (en tredjedel). Det er et stort

antal. En stor del danskere lider således til hver en tid af PTSD, og nogle af tilfældene lever ganske upåagtet; derfor er der givetvis et mørketal, som man skal tage i betragtning, da faktisk en del tilfælde forbliver *udiagnosticerede* af det offentlige eller private sundhedssystem. Eksempelvis kan familier, som gennem lang tid har oplevet tunge udfordringer med svært handicappede børn eller terminalt syge familiemedlemmer, udvikle PTSD. Deraf ses det, at PTSD ikke kun opstår ved krig, men også kan opstå efter betydelige enkeltstående eller repetitive episoder med voldsomme traumatiske hændelser samt kontinuerlige stressfyldte eksistensvilkår (f.eks. ekstrem fattigdom, vold, alkoholisme og stofmisbrug, massiv omsorgssvigt og frygtelige opvækstbetingelser), der ikke er blevet bearbejdet. Det er med til at fylde den psykiske rygsæk helt op til randen og mere til!

Kapaciteten overbelastes
PTSD opstår, når menneskers psykiske kapacitetssystem ikke længere kan rumme og håndtere hårde og voldsomme oplevelser såsom krig, overfald, terrorangreb, vold og voldtægt – samt bilulykke, mobning, naturkatastrofe, brand og lignende. En del mennesker fra voldsramte hjem kommer også til at lide af PTSD. Ligeledes torturofre, der er flygtet fra voldelige og brutale diktaturregimer. PTSD grundlægges ikke sjældent via *chokindlæring*, men dog ikke alle tilfælde.

Chokindlæring
Når der tales om traumer i forbindelse med PTSD, menes der exceptionelt alvorlige og gennemgribende traumer af *katastrofekarakter* eller gentagne mindre trau-

matiske begivenheder, hvoraf summen ender med at blive ganske betragtelig og ganske skadevoldende.

Ved traumer af katastrofekarakter er der som oftest tale om *chokindlæring*, hvor indlæringen (altså de traumatiske hændelser) går uden om de almindelige hukommelsessystemer og lagrer sig direkte og uden filter i *amygdala*, der måske kan betegnes som hjernens "angst- og alarmcenter".

Med andre ord: Traumet er overvældende og chokerende i styrke og bliver *kastet ufordøjet* ind i personens psyke uden nogen form for forsvar eller formildelse. Man kan derfor tale om *chok* – idet voldsomme, skræmmende og chokerede oplevelser nu har *frosset sig fast* inden i vedkommendes psyke og kontinuerligt udøver stress på organismen. Psyken er "gået i baglås".

De første symptomer på PTSD udvikles almindeligvis inden for 6 måneder, men nogle gange dukker de først op efter længere tid. Dette ses eksempelvis hos soldater og andre faggrupper, der er udsendt i længere tid. Man taler da om "forsinket PTSD".

Det skal nævnes, at som bekendt reagerer forskellige mennesker forskelligt på voldsomme oplevelser, ulykker og naturkatastrofer pga. forskelle i *resiliens* (hårdførhed, robusthed, ukuelighed) og forskelle i mulighed for *coping* ("håndtering").

I praksis betyder dette, at hvad der er traumatisk for én person, ikke behøver at være det for en anden. Derfor kan forskellige menneskers reaktion være forskellig.

Ikke alle får PTSD via chokindlæring, men en del PTSD-ramte gør, f.eks. en del udsendte soldater, voldtægtsofre, torturofre og lignende.

Udmattelsestilstand

Som det fremgår at det, som er skrevet ovenfor, er PTSD en ekstremt forværret stresslidelse, en enerverende *udmattelsestilstand* i krop og psyke, hvilket også vedrører det kognitive apparat. PSTD er en særdeles intens og vanskelig stresstilstand, hvor psyken og dermed de kognitive funktioner konstant er på overarbejde. Mange PTSD-ramte oplever *hyperarousal*, idet deres sanser kan være overdrevent vågne. I hjernen hos PTSD-ramte kan man iagttage, at *amygdala* ("hjernens angstcenter") er overaktiv, mens *hippocampus* ("hjernens hukommelsescentral") er underaktiv. Af denne årsag kan PTSD forårsage udbrændthed, hukommelsesbesvær, og der kan være en konstant baggrundsfølelse af ængstelighed, rastløshed og utålmodighed. Rastløshed og hyperaktivitet kan forårsage overspringshandlinger, som man *psykologisk set* egentlig foretager for at slippe væk fra alle PTSD-følelserne og -reaktionerne (man kan nok tale om en form for *eskapisme*).

Udvikling af PTSD-syndrom kan medføre gennemgribende personlighedsændringer, hvor man er mere *overfølsom* og derfor reagerer mere emotionelt og med kort lunte, og man kan døje med depressive tanker, inerti og manglende initiativ. PTSD-ramte vil uvilkårligt opleve verden som et farligt sted at være, og denne kendsgerning påvirker både tankegang og adfærd.

Som det ses, viser PTSD sig at have ganske tunge virkninger på krop og psyke. Sygdommen, der således er præget af forhøjet alarmberedskab kombineret med en ekstrem høj grad af psykisk overfølsomhed (f.eks. over for støj eller fyrværkeri), opleves derfor af mange PTSD-ramte som særdeles indgribende, livsbegrænsende, nervebetonet og smertefuld – og som særdeles invaliderende.

Med det forhøjede alarmberedskab følger en adfærdsmæssig tendens til at skanne områder for trusler (*trusselsmonitorering*) og andre former for sikkerhedsadfærd samt undgåelsesadfærd. Politiarbejde såvel som militær udsendelse kan ændre éns liv på et sekund pga. en eksplosion, et angreb eller lignende. De egentlige begivenheder, som udgør grundbestanddelen af traumet (der her kaldes for "urtraumet") kan være omfattet af *amnesi*, dvs. den PTSD-ramtes præcise hukommelse om selve de traumatiske begivenheder kan være mangelfuld eller helt fraværende (pga. chokindlæring).

Altså er der tale om et mere eller mindre omfattende hukommelsestab: Man kan ikke huske præcist, hvad der skete – eller kun enkelte brudstykker. Men ikke desto mindre ligger dette "urtrauma" som en underliggende kilde til psykisk ubehag og mistrivsel hos PTSD-ramte mennesker. Det kan dog som regel behandles og reduceres, hvis ikke nærmest helbredes.

Symptomer på PTSD
PTSD er en angstlidelse, dvs. kernen i lidelsen er frygt og angst, fordi psyken har lidt overlast. Derfor er PTSD-ramte i *forhøjet alarmberedskab* og udviser en *åbenbar undgåelsesadfærd* og søger konstant at undgå ting og situationer, der minder dem om de livstruende hændelser, der udgør urtraumet i lidelsen. Det betyder, at vedkommende altid er på vagt. Selv den mindste lyd, der kan vække associationer til traumekomplekset, kan få den PTSD-ramte til at fare sammen.

Det sker, at nye voldsomme begivenheder, f.eks. krigeriske angreb, hvor man enten fysisk er til stede selv eller oplever det via medier, kan forårsage en *retraumatisering*, der ripper op i urtraumets ømme sår og problematikker. Således kan bestemte markante stimuli udløse et PTSD-anfald, som i realiteten nok bedst kan sammenlignes med et angst- eller panikanfald, hvis kerne opleves som intens angst præget af hjertebanken, hurtig vejrtrækning og svimmelhed, der kan være sammenvævet med en heftig frygt for at dø, knuses, forgå eller fortæres.

Ikke sjældent er der episoder med bevidst eller ubevidst genoplevelse af (dele af) urtraumet i form af plagsomme *flashbacks,* dvs. *blitzerindringer med frygtindgydende synsindtryk, lyde og andre heftige sanseindtryk.* Sådanne intense oplevelser af voldsomme stimuli samt kaos, frygt, sorg og panik betyder i praksis, at de pågældende personers psyke efterhånden bliver godt udkørt.

Det tager mange kræfter at håndtere flashbacks. Traumer er vildt trættende og udmattende – og det er fordi, at for hjernen er der for så vidt ingen forskel på, om en faretruende situation opleves IRL, eller om den genopleves i form af et flashback. Begge dele aktiverer stress- og angstresponser i hjernen og kroppen, og det bidrager til udkørtheden. Dertil skal lægges en angst for at dø, forgå, blive skudt osv.

Alle disse forhold forårsager som oftest, at vedkommendes søvnmønster kronisk er negativt påvirket i retning af utilstrækkelig søvn, urolig og dårlig søvn – hvilket i realiteten er lig med grader af *søvnløshed.*

I tillæg hertil kommer, at der tit kan optræde voldsomme mareridt, der ikke kun kan rumme frygtelige og frygtindgydende visuelle scener, der har lagret sig i hukommelsen, men også auditive sekvenser af skrig og skrål, kanonkugler og bombesmæld. Sådanne mareridt påvirker naturligvis også søvnkvaliteten, nervernes beskaffenhed og personens stemningsleje.

PTSD-ramtes *arousal* (et biologisk-neurologisk begreb, der betyder "vågenhed" på dansk) er ofte ganske høj. Det betyder, der de er meget vågne og opmærksomme og dermed også mere sensitive. Nogle har ubevidst udviklet den vane at skanne omgivelserne for farer og angstvækkende stimuli, så de eventuelt kan komme hurtigt væk, skulle behovet opstå.

Meningsløshed

PTSD-ramte kan begynde at generere negative tanker om sig selv og deres situation, og det kan gøre dem tilbøjelige til at give op. Derfor er det vigtigt med opmuntring og optimisme, hvor man kan finde det.

Endvidere kan PTSD-ramte (som andre mennesker) undertiden eller ofte lide af en følelse af meningshed. Hos veteraner og andre faggrupper kan deres udsendelse ende med at opleves som totalt meningsløs, ikke mindst når de bagefter ser, hvad det hele er blevet til:

Danmark har gennem de sidste 30 år sendt over 30.000 soldater i krig. En del af deres kammerater og kolleger er døde derude på slagmarken, og det kan være svært at finde mening i kammeraters dødsfald under udsendelse. Selv har de overlevet fysisk, men en del er kommet hjem med psykiske skader i form af PTSD.

Som om dette ikke var nok, kan det forværres: På et tidspunkt indser nogle, at deres indsats måske kun har kunnet gøre en form for *midlertidig* forskel, men i det lange løb har deres indsats så godt som intet ændret. Det er en bitter pille at sluge!

Med andre ord: Nogle af veteranerne kan opleve, at de store idealer og velmenende intentioner, der drev dem, ikke er blevet omsat til virkelige resultater, der har skabt konkrete, langvarige fremskridt i de lande, de var udsendt til. I nogle lande er der derimod snarere tale om tilbageskridt f.eks. i forhold til demokratibestræbelser og befolkningens levevilkår.

Denne meningsløshed kan være tung at blive konfronteret med – og tung at bære oven i sorgen over at have oplevet frygtelige ting og mistet soldaterkammerater.

Moralsk skade [27]

Skyld og skam kan være medvirkende faktorer til udviklingen af PTSD, og skyld og skam kan være ganske hyppigt nærværende hos *nogle* PTSD-ramte. Skyld og skam kan eksempelvis opstå pga. moralske dilemmaer.

Soldater kan have uforløste og ubehandlede moralske dilemmaer. Moralske skader kan tære rigtigt meget på en persons psyke. Dermed er forhold som *etik* et vigtigt forhold for de involverede. Man er large med at udsende danske soldater, men før i tiden var etiske spørgsmål ikke noget, man arbejdede meget med. Men nu i vores tid er man blevet mere opmærksomme på denne vigtige sjælelige dimension. Det viser der sig at være et stort behov for.

Ifølge Daniel Lingren Svendsen og Katharina Andersen kan moralske skader opstå, såfremt soldater undervejs i deres udsendelse ikke har handlet efter deres eget moralske kompas eller slet ikke har handlet overhovedet, selvom de føler, at de egentligt burde. De moralske skrupler og ønsket om at have handlet anderledes under sin udsendelse kan være en grum følgesvend for nogle PTSD-ramte.

Magtesløshed og fortrydelse er grundelementer i denne følelse. Man taler om, at der er sket *en moralsk skade* inden i vedkommende, hvilket er særdeles belastende for psyken.

Rumination kan være udtalt, dvs. man har en masse grublertanker om ting, der er sket i fortiden, og som man ikke rigtigt kan gøre noget ved nu. I krig sker der tit det, at mennesker kommer til at overskride deres egne moralske grænser, dvs. deres moral kommer under pres, hvorfor der kan opstå *kognitiv dissonans*.

Kognitiv dissonans kan opstå hos PTSD-ramte, fordi de føler eller oplever, at de engang i fortiden har handlet eller har undladt at handle i bestemte situationer, f.eks. under deres udsendelse, hvilket er i modstrid med deres etiske værdier og inderste overbevisninger.

Dertil kommer, at den PTSD-ramte nu kan føle en dybfølt *skyld* og bebrejde sig selv for det, der er sket. Der er således tale om skyldsfølelse blandet sammen med fortrydelser, sorg, tristhed og ikke mindst selvbebrejdelser og samvittighedskvaler.

Disse elementer af kognitiv dissonans skaber et mentalt og psykisk ubehag. Man kan, populært sagt, tale om *moralske tømmermænd*. Ikke mindst fordi det nu er for sent at rette op på fejltagelserne, dvs. det er svært at rette op på dissonansen, som skyldes inkongruens imellem tre komponenter: <tanker/værdier> + <følelser> + <adfærd>. Vedkommende personer kan eksempelvis have overværet krigsførelse, som de ikke har kunnet standse.

De kan føle, de har svigtet – dels de involverede parter og dels deres egne idealer – og det er for sent at gøre noget nu, da handlingen, dvs. situationen, *er* afsluttet.

At ændre adfærden regnes almindeligvis for den korrekte måde at løse kognitiv dissonans på. Men det kan man jo ikke nu.

Når dette er tilfældet, kan man gennem psykologisk behandling lære – måske ikke direkte at acceptere det skete i sig selv – men dog lære at acceptere og forlige sig med, at det nu engang er sket – og lære at leve med det trods gruen og den moralske skade.

Dissonansen kan i nogen grad opløses ved at ændre *éns tanker* om det skete, også selvom der er gået noget tid – altså hvordan man forholder sig til det skete og til sin egen skyldsfølelse. Og man kan arbejde på at opretholde sine værdier og forholdet til egen etik på trods af det, som man føler har været éns fejl og mangler.

Moralske skader er noget, som har fået større bevågenhed de senere år, og som man ikke tidligere var tilstrækkelig bevidst om.

Moralske skader kan gnave i psyken i mange år, og derfor er det godt at arbejde med denne side af sagen i psykologisk behandling for at skabe katarsis (dvs. følelsesmæssig renselse og forløsning).

Familien og den PTSD-ramte

I første omgang er familien berørt pga. savn og afsavn, når far eller en anden sendes til udlandet for at være en del af fremmede folkeslags krige og konflikter – eller deltage i fredsbevarende operationer.

Sådanne længere eller kortere udsendelser kan være svære at håndtere for de pårørende, ikke mindst eventuelle børn af soldater i krig.

Familiemedlemmer kan bevidst eller ubevidst gå og frygte, at far bliver dræbt og kommer hjem i en kiste. Måske får familien undervejs brug for psykologhjælp, for der er jo desværre en reel risiko for, at den udsendte kan dø på en udsendelse eller på anden måde forulempes eller komme til skade.

Familien og de pårørende bliver også berørt, når far eller en anden kommer traumatiseret hjem med PTSD i bagagen fra udsendelse på internationale missioner for Danmark.

Mange hjemsendte PTSD-ramte veteraner kæmper hver dag for at have en livsduelig og tålelig hverdag. De psykologiske lidelser hos soldater, der vender traumatiserede hjem fra krigszoner, kan være signifikante.

Det er nok en kendsgerning, at PTSD-ramte kommer til at trække store veksler på familien, også selvom de egentligt ikke ønsker at gøre det, men flere forhold gør sig gældende:

Ikke kun har den PTSD-ramte det selv ganske alvorligt svært, hvilket kommer til udtryk i form af en række psykosociale forhold såsom mistrivsel, angst, bekymringer, energidrænethed, depressive tanker og måske endog selvmordstanker – men man kan også iagttage mistrivsel, bekymringer og angst hos de pårørende, ikke mindst hos eventuelle børn. Det påvirker naturligvis hele familien at have et alvorligt sygt og traumatiseret familiemedlem på rigtig mange måder. Børn kan sagtens have en god barndom, selvom far er udsendt og kommer hjem med PTSD, men det er klart, at disse forhold indvirker på en families levevis og fællesskab.

Måske har den PTSD-ramte *muligvis* svært ved at huske og koncentrere sig, har kort lunte, er bekymret, frustreret, inaktiv eller er følelsesmæssigt fraværende og indelukket (dvs. gemmer de frygtelige oplevelser af vejen for andre – og ikke mindst sig selv). Sådanne ubalancer kan ikke undgå at påvirke livet og atmosfæren i en familie.

Den PTSD-ramte kan også lide af ubeslutsomhed, handlingslammelse, lav selvfølelse, nedsat præstationsevne, selvdestruktiv adfærd – samt ikke sjældent overforbrug af kaffe, alkohol, medicin, sukker, tobak, hash eller andre opkvikkende/sløvende stimulanser – for at komme væk fra de ubehagelige psykiske eftervirkninger af krig og andre traumer. Alle disse ting påvirker naturligvis også de mennesker, som vedkommende omgiver sig med.

Hjemvendte PTSD-ramte veteraner kan i perioder miste kontakten med familien, fordi relationerne bliver for højspændte og konfliktfyldte.

Da det danske sundhedsvæsen på nogle punkter har fungeret exceptionelt dårligt eller ineffektivt i mange år, er det desværre en kendsgerning, at PTSD-ramte (veteraner og andre) og deres familier i mange tilfælde slet ikke får tilstrækkelig hjælp i forhold til, hvad de egentlig har brug for.

Dette skyldes blandt andet, at der er katastrofalt lange ventetider på behandling (ventetider på to år er ikke usædvanlige i den offentlige psykiatri).

Både forskningscenteret DIIS såvel som internationale studier finder, at myndighederne med deres nuværende PTSD-behandlingstilbud kun formår at udstrække hjælp til seks ud af 10 PTSD-ramte ifølge seniorforsker hos DIIS Sofie Folke, men ligningen fortæller ikke om ventetider eller behandlingens effektivitet. [28]

Der er flere eksempler på, at de pågældende bliver skubbet rundt i et system, som ikke målrettet og ikke koordineret går ind og tager hånd om problemerne med en samlet indsats. Dog er der de senere år blevet iværksat visse tiltag, bl.a. såkaldte "veteranhjem" (uddybes nedenfor).

Uhensigtsmæssig eskalation

Hvis ikke der sættes ind, kan PTSD udvikle sig dramatisk i uheldig og negativ retning. Det tænker man måske ikke almindeligvis på, men PTSD kan hos nogle eskalere i en uheldig retning. Det sker, at PTSD-ramte bukker under for traumerne. Sanserne er overbelastede, psyken er fuld af grimme billeder.

Måske har PTSD-ramte veteraner set deres soldaterkammerater blive dræbt af en vejsidebombe eller oplevet andre frygtelige mareridt i vågen tilstand. Sådanne PTSD-ramte mennesker befinder sig i *helvedesagtige tilstande*, som er uudholdelige.

Af disse årsager har været eksempler på, at det indimellem *slår klik* for PTSD-ramte med selvdestruktiv adfærd, voldelige episoder, smadring af hjemmet samt trusler og familievold til følge. Dette sker, når magtesløsheden og desperationen tager overhånd. Nogle truer med at slå familien ihjel – eller de går rent faktisk amok og smadrer hele hytten.

Det er ikke altid, at den PTSD-ramte ved, hvordan han eller hun skal få hjælp – og ikke ved, hvordan man beder om at få hjælp – men hjælp skal der til!

* * *

Akut hjælp kan veteraner få via Veterancentrets døgntelefon 7281 9700, dvs. at telefonen er åben hele døgnet og hele året rundt. Man kan ringe anonymt og få hjælp.

---

* * *

Ressourcer og netværk

PTSD-ramte – herunder krigsveteraner fra Danmarks deltagelse i krigene i Afghanistan, Irak, Syrien og Libyen osv. – har faktisk masser af ressourcer, der kan komme samfundet, lokalsamfundet, familien og vennerne til gavn, hvis blot PTSD-ramte får behandling og blev funktionsdygtig igen til at varetage forskellige funktioner og poster. Og hvis PTSD-ramte kan komme i sociale sammenhænge, hvor der er muligheder for at udfolde sig socialt.

Det er supergodt for PTSD-ramte soldater at *netværke* med hinanden. Det kan være svært at bryde tavsheden, ensomheden og indesluttetheden omkring de PTSD-udløsende begivenheder. De fleste PTSD-ramte soldater er mænd. Soldaterliv er alt andet lige en *tough* mandeverden, hvor man er vant til at klare vanskelighederne selv, og hvor man derfor er vant til at holde modgang og problematikker for sig selv.

Mænd kan have tendens til *at handle* sig ud af prekære situationer snarere end at tale om dem. Traumerne i sig selv er vanskelige. Derfor kræver det et særligt mod og en særlig vilje at åbne op og være modtagelig for hjælp, støtte og gode idéer samt indgå i nye netværk – også selvom mænd nu om dage er en meget mere moderne mandetype med flere nuancerede karaktertræk end på cowboyen John Waynes tid.

Ifølge DR-journalisterne Daniel Lingren Svendsen og Katharina Andersen er det langt fra alle veteraner, der har adgang til en veterankoordinator i landets kommuner. En veterankoordinator kan give uvurderlig hjælp til veteraner. Det er ikke alle Danmarks 98 kommuner, som har en koordinator til at hjælpe de lokale veteraner, men nogle steder har man deciderede veteranhjem. [29]

Det er klart, at der er forskelle på veteraner, nogle har PTSD, og andre har ikke – og veteranrådgivere kan være nyttige for begge grupper.

I Aarhus Kommune er der to veteranrådgivere til cirka 1600 veteraner. Julie Hasselager er den ene, og hun forklarer dette:

Veteraner er et særligt folkefærd. Det kan være svært for dem, der er skadet, at række ud til kommunen, når de har brug for hjælp. Det er trygt og rart for dem at vide, at de har ét menneske, de kan tage fat i. Ligegyldigt hvad henvendelsen drejer sig om. Hjælpen kan vedrøre mindre praktiske ting såsom MitId og kørekort – eller større praktisk ting såsom afklaring af pension og sygedagpenge. [30]

Rundt om i landet findes der veteranhuse (aka veteranhjem), f.eks. i Aarhus, Randers og Odense. I det følgende skal vi ses nærmere på veteranhjemmet i Odense.

* * *
* * *

Veteranhjem Odense

Veteranhjem Odense faciliterer fællesspisning og sammenkomster for veteraner. Det er et bosted og et opholdssted for veteraner – et samlingspunkt, et frirum, hvor brugerne kan bo eller opholde sig og udfolde et socialt liv, og hvor der er mulighed for at tage svære snakke og andre aktiviteter. Man kan også engagere sig i spil og er ikke-krævende aktiviteter. V

At lægge et puslespil aktiverer nok hænderne, men inddrager ikke hjernen på et krævende niveau, og man er optaget af noget bestemt, hvilket kan skubbe problematiske tanker i baggrunden.

For veteraner og PTSD-ramte er supergavnligt at tale med ligesindede, og det er supergavnligt at have nogen at dele svære minder med, når man har tid og lyst – og er psykisk klar – til dét.

Lederen af Veteranhjem Odense, Hannah Ussing, forklarer dette:

> Når man fra det ene øjeblik til det andet bliver ført 30 år tilbage til en tid, som nogle stadig kæmper med hver dag, kan det være rigtig svært at sidde med alene. Derfor er det fint at sidde sammen med nogle, der har været samme sted eller lignende steder, så man har nogen at dele de tanker med (...)
> Og da nogle soldater har fået ar på sjælen efter deres udsendelse, er det vigtigt, at de har et sted at gå hen, lyder det fra. Det giver dem en følelse af ikke at være alene, og at der er nogen, der forstår dem, fordi de har fælles referencer. [31]

Behandling

PTSD *kan* heldigvis behandles, og mange PTSD-ramte personer når ret fine fremskridt i psykologisk behandling, og enkelte når faktisk helt frem til helbredelse. Men PTSD kan tage lang tid at bearbejde, psyken skal hele, og det kræver behandling – og tid.

PTSD-ramte har behov for trygge og tillidsfulde rum, hvor de kan tale åbent om de ting, som de kæmper med i livet, dvs. hvor der er en arena for at folde sig ud inden for rammerne af en grundlæggende tryghed, og hvor det, man siger, kan blive rummet og drøftet.

Det kræver mod og vilje til at bryde sin isolationstendens og indelukkethed mht. alle de plagsomme tanker og oplevelser, en PTSD-ramt hjemsøges af.

For at kunne indgå i denne slags terapi, skal man turde se sin afmagt i øjnene og acceptere behovet for hjælp fra professionelt sundhedspersonale, idet det kræver stort mod at åbne op for posen.

101

Under behandling tilegner man sig hjælpsomme redskaber til at håndtere sin PTSD, så man kan leve et bedre liv med indsigt i egen sygdom. Vigtigt er f.eks. psykoedukation, hvor en fagperson forklarer den PTSD-ramte og eventuelt dennes pårørende om PTSD-syndromets forløb, symptomer osv. Det giver en vis ro og afklaring af få disse indsigter vedrørende syndromet.

Den PTSD-ramte skal have en behandling, som passer til vedkommendes natur og temperament – og som søger at helbrede lidelsen ud fra personens grundlæggende problematikker. Eksempelvis har eksponeringsterapi dokumenteret effekt i form af CBT og PE.

Antidepressiv medicin og lignende kan være nødvendigt, men derudover vil der i forhold til konkrete psykologiske behandlingsmuligheder ved PTSD typisk og som udgangspunkt være *samtaleterapi* med en fagligt uddannet person i form af en psykolog, psykoterapeut eller psykiater.

Af specifikke terapiformer vil behandlingen ofte dreje sig om...

- *Kognitiv adfærdsterapi* (CBT) → kapitel 11
- *Metakognitiv terapi* (MCT) → kapitel 12
- *Mindfulness-baseret stressreduktion* (MBSR) → kapitel 13
- *Terapihave* aka *naturterapi.* PTSD og andre stressrelaterede sygdomme er meget knyttet til kropslige reaktioner, og her er det godt at få ro på → kapitel 14
- *Prolonged Exposure* (PE), der er en terapiform, der er udviklet med særligt henblik på behandling af PTSD → kapitel 15

- Eventuelt *vredesterapi, musikterapi, positiv psykologi terapi, sorgterapi, åndedrætsterapi, tegneterapi* m.fl.
- *EMDR* (populært sagt: EMDR er at arbejde med hjernen/fastlåstheder i hjernen gennem en salgs øjengymnastik)
- *Yoga, Tai Chi, Qi Gong*

Som det ses af henvisningerne, gennemgås flere af de nævnte terapiformer længere fremme i bogen.

Hvis en person har symptomer på PTSD, kan vedkommende opfordres til at søge hjælp så tidligt som muligt, eftersom tilstanden kan blive sværere at behandle, hvis den har stået på i lang tid. Også for at blive udfriet fra den helvedestilstand, vedkommende evt. befinder sig i.

KAPITEL 7: Stress og personlighed

Mennesker er forskellige og oplever forhold forskelligt, og dette er en vigtig grund til, at ikke alle medarbejdere på en arbejdsplads med stor arbejdsbyrde eller direkte dårligt psykisk arbejdsmiljø går ned med stress. Derudover er det en kendsgerning, at forskellige mennesker har forskellige stresstærskler. Nogle mennesker har en *høj stresstærskel*, andre mennesker en *medium*, og endnu andre mennesker en *lav stresstærskel*. Dog skal dette ikke anvendes til at *skyldiggøre* den stressramte og sige, at det er vedkommendes egen *skyld*, at han eller hun har fået stress på grund af lav stresstærskel. Stress udløses som regel af et ophobning af mange forhold, hvor mange belastninger tilsammen kan vælte personen.

Ligeledes er *hvordan* man *oplever* og *tackler* stressende situationer ganske individuelt. Det kan have noget med personlighed (herunder mentalitet og perception) at gøre, men ikke udelukkende, for stress har bestemt også noget at gøre med antallet af stressorer og disses tyngde. Alle situationer er *situationelle*, dvs. hver situation har sine egne omstændigheder, sin egen kontekst. Hvis man er inde i en periode, hvor "alt" i éns livsomstændigheder bare går galt, er det nemmere at løbe ind i stress, end hvis der blot er en enkelt stor ting, der volder besvær.

Subjektiv vurdering

Som sagt hænger stress sammen med vores personlige oplevelse, altså hvordan vi selv *opfatter* potentielt stressende situationer − og dette vedrører i stor grad også, hvordan vi opfatter vores muligheder for at overkomme og overvinde disse specifikke stressende situationer.

Derfor varierer betydningen af stress fra person til person. Vi har allesammen forskelle i livsomstændigheder, og er forskellige i energi og kræfter. Ligeledes er måden, hvorpå vi tilgår de forskellige udfordringer, vi møder i vores liv, vidst forskellig fra person til person.

Hvad skyldes arbejdsnarkomani egentligt

Nogle mennesker er meget flittige og holder af at arbejde meget. Enkelte mennesker er endog "gift" med deres arbejde, siger man. Man kan måske kalde dem arbejdsnarkomaner, og det er helt normalt og er almindeligvis ikke et psykologisk skadeligt mønster. Måske har man svært ved at holde fri, når man ikke er på arbejde.

Man kan godt være arbejdsnarkoman uden at være drevet af stress – og uden at være drevet af impostersyndrom. Det kan ligge til én; men det kan også være forårsaget af en bevidst eller ubevidst oplevelse af stress i forbindelse med arbejdet.

En arketypisk problemstilling i stressforskningen er da også netop, om det er arbejdspresset, der giver os stress – eller om det derimod stress, der får os til at arbejde mere og gør os til arbejdsnarkomaner? Ofte er det faktisk det sidstnævnte, der er tilfældet.

Som sagt opstår stress ikke alene på grund af et menneskes personlighed. *Det er derimod arbejdsmiljøet og andre forhold, der giver stress* – og udløses når en person *opfatter* byrden som for høj og som ganske uovervindelig.

Når en medarbejder bliver ramt af stress, snakker de andre ansatte på arbejdspladsen måske om, hvorvidt vedkommende er meget "perfektionistisk" eller "en arbejdsnarkoman" og i det hele taget "går for meget op i sit job". Og *måske* kan der være der en sammenhæng, men forskningen peger på, at man ikke bliver stresset, fordi man arbejder for meget eller holder af at arbejde meget – derimod er det snarere stress, der gør, at man arbejder for meget og føler, at alle arbejdsopgaver skal udføres til punkt og prikke.

Det følgende er en interessant vinkel på stress, formuleret af arbejdsmiljøpsykolog Malene Friis Andersen i Finans/Jyllands-Posten:

> Stress er en overlevelsesreaktion, som mange videns- og relationsarbejdere får, selvom de egentlig passer et job, som reelt er ufarligt. Men i mange job i dag er der en sammenkobling mellem os som mennesker og os som medarbejdere, hvilket betyder, at jobbet alligevel kommer til at handle om psykisk overlevelse.
>
> Sammenkoblingen mellem hvem vi er som mennesker og som medarbejdere sker, fordi rigtigt mange af os *bruger os selv*, når vi er på arbejde. Vi skal ikke længere bare styre en maskine, som producerer en vare. Det er derimod os selv, der er det produktionsapparat, der skal til for at lave den service, som arbejdspladsen sælger. [32]

Inden for stressforskningen undersøger forskerne, om stress kan have noget med menneskers personlighed at gøre, deres karakter og særlige personlighedstræk. Det er ganske logisk at undersøge, om der er en sådan sammenhæng.

Vi ved jo, at forskellige mennesker råder over forskellige mål af selvværd og selvtillid, og dette kan naturligvis påvirke den måde, den enkelte går til arbejdet og udfordringerne på.

Forskellige mennesker holder af og trives i job med høj intensitet. Når man forsøger at sammenkæde personlighed og stress/udbrændthed, er det vigtigt *ikke* at ræsonnere, at det dermed indirekte er vedkommendes "egen skyld". Der er altid er væld af faktorer i spil. Med andre ord: Stress skyldes ikke en personlighedsbrist. Nogle mennesker er ressourcepersoner, der formår og udretter mere end gennemsnittet, er pligtopfyldende og idérige. I tråd hermed er der nogle mennesker, som man kan kalde *high-achievers*. Det er særligt ambitiøse folk, som indfrier og opnår de fleste, hvis ikke alle, deres faglige og karrieremæssige aspirationer. At være en *high-achiever* er et personlighedstræk, som bl.a. ses hos højintelligente mennesker og bør ikke blandes sammen med impostersyndromet.

Livsindstilling
Nogle psykologer mener, at stress ikke kan opstå, uden at der er bekymringer til stede. Vi har tidligere været inde på, at en persons *perception,* altså opfattelse af arbejdsbyrde og udfordringer, er bestemmende for, hvor stressende vedkommende oplever sin situation.

Der er en sammenhæng mellem personers tænkemåde (dvs. opfattelse og vurdering) og deres følelser, reaktioner og adfærd. Bekymringer og overtænkning påvirker derfor resten af den pågældende person i retning af stress. [33]

Mennesker med *en pessimistisk livsindstilling* har lettere ved at bekymre sig og har mindre tillid til egne evner mht. at overkomme bestemte mål af arbejds-byrder. Dette kan være befordrende for stress.

Derimod har mennesker med *en optimistisk livs-indstilling* mere gåpåmod, bekymrer sig mindre og har mere tillid til egne evner mht. at overkomme bestemte mål af arbejdsbyrder. Dette er derfor meget mindre befordrende for stress.

Self-efficacy

Begrebet *self-efficacy* (oprindeligt udviklet af den canadisk-amerikanske psykolog Albert Bandura), handler om individers foretagsomhed og tillid til egne ever. Det er en evne, man kan opbygge på baggrund af sine erfaringer, f.eks. hvor god man har været til at lykkes med ting kombineret med éns forestillingsevne og hvad andre har fortalt én om éns handlekraft og gennemslagskraft.

Altså svar en høj grad af *self-efficacy* til en persons *tro på sig selv og forventninger om at kunne udrette noget, realisere sine projekter og dermed nå sine mål.* Der er tale om et indgroet selvbillede, som er en væsentlig motivationsfaktor og kilde til velvære.

Et begreb som *self-efficacy* er vigtigt i forhold til stress, for ved stress og depression ses det ikke sjældent, at en persons *self-efficacy* dykker og forringes mærkbart: Alvorlig stress påvirker personers handlekraft og selvtillid.

Overdreven "sund" livsstil

Jo bedre fysisk grundform, vi er i, altså træningstilstand, jo bedre er vi i stand til at modstå *stressorer* og håndtere pludseligt opståede krav og udfordringer. Med andre ord: God kondi og en god psykisk grundform øger éns psykiske *resiliens* (ukuelighed, hårdførhed) samt éns immunforsvar og almene sundhed.

I forvejen spiller hver persons sygdomsdisposition såvel som beskaffenheden af vedkommendes immunforsvar ind på omfanget af resiliens. Det er altid godt at leve sundt, for det styrker immunforsvaret og den almene sundhed, fysisk og psykisk. Spørgsmålet er, hvad det så vil sige at leve sundt.

Nogle mennesker lever så "sundt", at det faktisk bliver usundt. En sund livsstil kan være udtryk for kompulsivitet (dvs. krampagtig og tvangspræget adfærd). Overdreven "sund", kaloriefattig livsstil og overtræning kan hensætte kroppen i en evindelig belastning.

Alt dette kan skabe stress. Det kan i værste fald bevirke, at kvinders menstruation udebliver, og at mænds sædkvalitet forringes drastisk, bl.a. pga. underernæring af vigtige næringsstoffer, herunder essentielle fedtsyrer.

En sådan kropslig stress kan forårsage *infertilitet*, hvor éns mulighed for at undfange og få børn er væsentligt formindsket pga. forstyrrelser i hormonbalancen, idet længere tids stress netop påvirker hormonudskillelsen og dermed også fertiliteten.

Med andre ord er det hensigtsmæssigt at finde en balance – en gylden middelvej – i sin sunde livsstil, så man ikke udpiner sin krop og psyke.

En passant skal det nævnes, at en række mennesker i fertilitetsbehandling også oplever stress. Og det kan der være mange grunde til: Muligvis fordi der skal mange besøg på klinikken til, inden behandlingen lykkes. Og der kan være ventetid, før der sker befrugtning.

Man må også spørge: *Er det stress, der forårsager infertilitet, eller er det infertilitet der forårsager stress?* – Mennesker i fertilitetsbehandling kan faktisk være fanget i en sådan ond cirkel. Den kan almindeligvis brydes ved at blive bevidst om så vidt muligt at *nedsætte* antallet af stressorer og så gøre det.

Personlighedstype
Man kan inddele mennesker i mange forskellige personlighedstyper. Dette gælder også medarbejdere. Følgende opdeling opererer med disse tre personlighedstyper med udgangspunkt i vedkommendes forhold til sit arbejde:

a) **Den faste personlighedstype**: *Pligtopfyldende, trofast, trives med rutiner og traditioner. Driftssikker, stabil. Glædes ved det regelmæssige og trygge. En dynamisk råkraft, der værdsætter kerneopgaven, det vanemæssige. Ej så bevægelig.*

b) **Den bevægelige personlighedstype**: *Trives med fornyelser, er omstillingsparat, kreativ. Er en del omskiftelig, eventuelt impulsiv. Holder evt. af alt det, der er uden om kerneopgaven.*

c) **Den igangsættende personlighedstype**: *Innovativ og idérig. God til at foreslå ændringer. Er aldrig helt tilfreds, ønsker altid at ændre noget. God til at få idéer, men kan mangle konstans i forhold til at implementere dem, inden vedkommende får nye idéer.*

Det er givet, at menneskers personlighedstype spiller sammen med deres *oplevelse* af arbejdsbyrde og modtagelighed for stress. Der *er* en sammenhæng. Almindeligvis oplever man ikke pres ud af det blå.

For alle tre ovennævnte personlighedstyper gælder det, at en alt for stor arbejdsbyrde og alt for mange krav og gøremål som regel ender med at blive stressende i længden. Man kan ikke håndtere det hele, og organismen lider under det.

Intense stimuli
Forskellige typer mennesker holder af forskellige typer af stimuli – og har forskellige grader af spændingssøgende adfærd. Man kan inddele mennesker i disse to typer, jfr. deres spændingssøgende indstilling og adfærd:

- **HSS**: *High-sensation seekers*
- **LSS**: *Low-sensation seekers*

Teorien om HSS og LSS er formuleret af Marvin Zuckerman og andre psykologer på baggrund af forskellige menneskers indstilling og motivationsfaktor.

Sensationssøgende og risikovillig adfærd handler om en drivkraft til at opsøge nye og intense oplevelser, som kan indebære visse faremomenter, og hvor man er villig til at se bort fra disse faremomenter og blot kaste sig ud i ting. Det er sådan set ikke det farlige i sig selv, som er den væsentligste motivationsfaktor, det er selve eventyret og dette at kaste sig ud i noget nyt og ukendt.

Det giver en følelse af høj intensitet og energi. Dog skal det indbefatte noget farligt og risikabelt, og som sagt er den store risikovillighed ikke drevet af dikotomien ml. frygt og sikkerhed, men af kicket ved adrenalinrusen – som ved bjergbestigning eller dykning, gambling eller trip på svampe. Dette kendetegner HSS.

Her er det oplevelsen for dens egen skyld, som udstyrer HSS-personer med villigheden til at tage risici for at forfølge spændingsgivende, intense oplevelser. Altid parat til at tage en spændende eller dristig udfordring op.

HSS-personer søger efter eksotiske og intense oplevelser – og frem for alt giver dette personen pondus og fortæller, at vedkommende er udstyret med en høj stresstærskel. De er vant til at udfordre, hvad de tør, og især hvad de kan klare og formå.

På denne måde er HSS-personer bedre klædt på, når de står over for højt arbejdspres end LSS-personer. Dog kan dette hele tiden at færdes i overhalingsbanen i det lange løb være befordrende for stressbelastninger, hvis intense spændingsperioder ikke afveksles med ro og mere almindelige perioder.

Nogle HSS-personer tager deres spændingssøgende adfærd en tand videre, og man kan da tale om *thrill-seekers*, dvs. personer opsøger gys og rædselsvækkende oplevelser, eksempelvis gennem dristige og vovede eksperimenter.

LSS-personer har ikke samme behov for spænding som HSS-personer. Der behøver ikke at ske så meget, for at de føler sig levende.

Dog betinges stress ikke kun af et menneskes personlighed – det er mere arbejdsmiljøet og normbundne strukturer i samfundet, som er befordrende for stressfyldte hverdage. Men *vigtigst* er menneskers *opfat-*

telse af de krav og den arbejdsbyrde, som de står over-
for.

I næste kapitel undersøges forholdene i samfun-
det med udgangspunkt i især unge menneskers oplevel-
ser af stress

Opsummering
Illustrationen anskueliggør forbindelsen mellem de vig-
tigste faktorer, som udøver pres på den enkeltes psyke
og har indflydelse på udvikling af stress/udbrændthed.

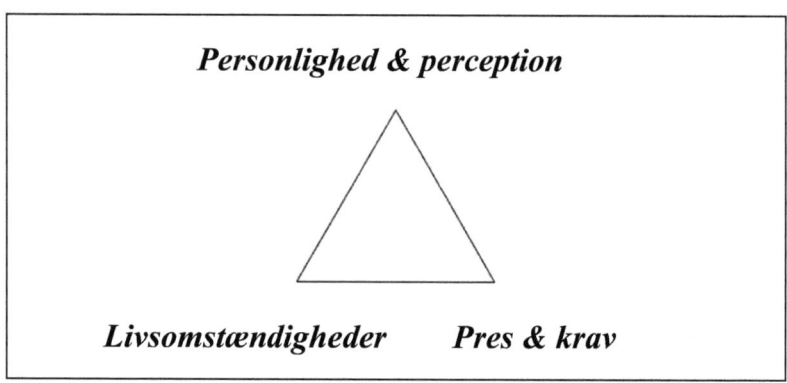

Personlighed & perception

Livsomstændigheder   *Pres & krav*

Ifølge kognitiv psykologi er *perceptionen* vigtigst, dvs.
det er ikke éns livsomstændigheder el. pres og krav, der
udløser stress – derimod éns *perception*, altså en per-
sons tanker, om disse forhold og dermed alle tre i for-
ening, da der er et gensidigt forhold imellem dem.

KAPITEL 8: Unge, samfund og pres

Alle mennesker kan i udgangspunktet rammes af stress, og dvs. at også unge mennesker får stress, f.eks. oplever mange elever på gymnasier og andre uddannelsesinstitutioner det, men også andre unge. Stress og forhøjet alarmtilstand rammer måske hårdere hos unge end hos voksne, fordi unge nemmere kan køre sur i at håndtere voldsomt arbejdspres, da de mangler erfaring og eventuelt psykisk stamina til at stå imod med.

Man taler om, at vi har en præstationskultur i Danmark. Ikke sjældent er det ressourcestærke unge, der føler et *pres for at præstere*, men det findes i alle dygtighedsgrupper og i alle sociale lag. Desuden kan unge være særligt følsomme over for strømmen af negative og dårlige nyheder i nyhedskanalerne; de kan lide under angstprægede bekymringer om klimaforandringer (*klimaangst*) og div. krige i verden: *Går Jorden under? Kommer krigen til Danmark? Skal vi snart dø?*

Unge mennesker skal muligvis nok generelt blive bedre til *at sige fra* over for opgaver og blive bedre til *ikke at være tilgængelige online hele tiden*. Og de skal også blive selektive mht. de informationer, de opsøger og lukker ind i deres sind. Mange bliver smådeprimerede af at læse nyhederne. [34]

Når man tester folk med den såkaldte PSS-stresstest (omtalt i kapitel 1), ses det, at ikke kun folk med fuldtidsarbejde og overarbejde scorer højt i stress. Måske overraskende nok kan også unge mennesker med arbejdsløshed eller under uddannelse ligge højt på PSS-stressscoren – og kvinder scorer gennemsnitligt højere på stress end mænd.

Målinger vedrørende forhold som mistrivsel, ensomhed og stress viser, at disse er temmelig udbredte blandt børn (7-14 år) og unge mennesker (15-29 år), og det har været jævnt stigende gennem de seneste 10-20 år. Det er prægnante problematikker, som samfundet skal tage alvorligt og bør sætte ind imod.

Mobilos

Unge mennesker nu om dage er "digitalt indfødte" og begår sig hjemmevant online. De kender alt til de sociale medier version 2.0 – og de er så at sige født med en mobiltelefon i hånden.

Mobiltelefoner er tidskrævende med alt det, den kan, og alle de apps, man kan bruge.

Mobiltelefonen og apps er designet til at "æde" vores hjerner og suge informationer ud – i hvert fald er der nogle, der tjener mange penge på at fastholde vores opmærksomhed på mobilen (*online*). Så man skal hele tiden lige have noget mere med, inden man lægger telefonen fra sig.

Nogle fagfolk mener, at jo mere vi bruger mobilen og de sociale medier, jo mere daler vores mentale trivsel. Og at vi derfor i højere grad i vores tid oplever en stor stigning i antallet af unge med stress, angst og depression. Måske er det korrekt.

Et andet forhold er, hvordan man relaterer til opslag på de sociale medier. Det kan være belastende hele tiden at indgå i *social sammenligning* på de sociale medier, især hvis man har det svært med andres "succeser". Førhen – før sociale medier – skete sammenligningen af gode grunde ikke på nettet, der jo ikke eksisterede, men der fandtes andre metoder til at måle sig med de andre.

Hvis man kunne træde ud af denne *sociale sammenlingningskonkurrence*, ville man reducere et vigtigt stressmoment og frigøre en masse energi, man så kunne anvende på noget mere opbyggeligt.

Jeg er ikke overbevist om, at spil og Internettet er skyld i alle onder, men givetvis nogle. Efterhånden lærer man forhåbentlig, at det, der sker på de sociale medier, i stor grad er medieret, iscenesat og delvis fiktivt – og altså derfor slet ikke én-til-én afspejler virkeligheden.

Mange unge formår faktisk at navigere uproblematisk i de mange informationer, der strømmer dem i møde og interagere på de sociale medier uden at gå ned med stress. For dem er Internettet og IRL to dele af deres livsverden, der står i logisk forlængelse af hinanden.

En del af nutidens unge har udviklet *flair* for hurtigt at kunne skelne mellem informationer, der er vigtige for dem, og dem, der ikke er. De har oparbejdet en vis *habituering* – dvs. de har vænnet sig til et højt digitalt aktivitetsniveau uden at finde det generende.

Dertil kommer, at de fleste har en *mæthedsfornemmelse*, der fortæller dem, når de har fået nok af digitale input på de diverse platforme såsom Instagram, Facebook, Reddit, Messenger, snapchat samt LinkedIn og trænger til at holde en reel pause. Og da er det til gengæld temmelig vigtigt, at man så tager sig tid til at holde pause, således at hjernen kan få ro og regenerere. Men sådan er det jo efter alle former for intensiv hjerneaktivitet, f.eks. at gå til eksamen, lave sit firmas årsregnskab eller køre en bil fra Vejle til Paris.

For nogle, men ikke alle – og ikke kun for unge – giver det mening, at *begrænse* mobilen, f.eks. at den ikke må komme med til spisebordet eller med ind i soveværelset eller sågar med i seng. Skærmbrug umiddelbart før sengetid kan give dårligere søvn.

Højhastighedssamfund

Mennesker i det senmoderne samfund står ofte over for store krav om at påtage sig opgaver. Der skal leveres *målbare* resultater, og allerhelst med det vons, dvs. ASAP. Der skal *produceres* noget. Nu er selv elever i skoler og på uddannelser blevet "produktionsenheder", der kan måles. Patienter hos lægen og på sygehuse er også "produktionsenheder", der kan kvantificeres, altså *talgøres*. Moderne virksomheders vigtigste redskab synes at være det allestedsnærværende, men uorganiske, regneark.

Den tyske sociolog, Hartmut Rosa, taler om højhastighedssamfundet, der udmønter sig i et opskruet tempo i infrastruktur og på arbejdsmarkedet. Den højteknologiske udvikling har medført en meget hurtigere infrastruktur, herunder kommunikationsmidler. Disse forhold indvirker uundgåeligt på menneskers trivsel, livsstil og arbejdsformer; og dette gælder for hele befolkningen.

Hartmut Rosa peger på, at stress ikke kun skyldes den enkelte, men også selve *samfundets indretning* i vores tid. Tidspresset er en kollektiv forbandelse. Og arbejdsmængden er stigende i mange brancher. Nok tror og oplever folk højhastighedssamfundet som et individuelt problem, som de prøver at klare sig i selv. Og hvis de får en depression eller bliver stressede, føler de, at der er deres egen skyld, fordi de ikke er gode nok til at organisere deres liv. Det kaldes "privatisering", når den enkelte påtager sig skylden selv, skønt det i virkeligheden er samfundsstrukturernes skyld. Alting skal gå så hurtigt. Alting *går* hurtigt. Det kan være stressende at arbejde i organisationer, hvor strukturen eller arbejdsgangen hele tiden laves om, og hvor det kræves af medarbejderen at være evindeligt *omstillingsparat.*

Højhastighedssamfundet præger de kollektive samfundsstrukturer, som indvirker på alle borgere , livsstil og velvære. Unge er i sagens natur ofte ganske nye og forholdsvis uerfarne personer på arbejdsmarkedet, og de mangler derfor også ofte indsigt i regler om arbejdsmiljø og rettigheder. Derfor kan de nemt blive slået ud af arbejdspres og arbejdsrelateret stress – samtidigt med at de presses af højhastighedssamfundet og eventuelt også i privatlivet.

Politikere er ikke sjældent hurtige til at give de sociale medier skylden for ungdommens trivselskrise, men de virker blinde for, at det faktum, at de hele tiden skærer ned i og strammer på alle skruer i uddannelsessystemet, faktisk også er ensbetydende med, at de uddannelsessøgende oplever mere pres – ikke mindst et pres på at komme igennem uddannelsen hurtigere og ikke mindst et pres på at få højere karakterer for at kunne komme ind på bestemte uddannelser, gymnasium, universitet osv. Det betyder også, at der ikke er plads til at eksperimentere, begå fejl eller vælge forkert.

Psykisk trivsel og mistrivsel burde måske komme på skemaet i folkeskolen, så danske elever lærer at håndtere stress, negative tanker, ensomhed, følelsen af at være udenfor og mistrivsel i al almindelighed. Så er de bedre rustet til at tage del i arbejdslivet og samfundslivet – og forstå og forvalte deres eget private liv.

Slutteligt skal det nævnes, at når man betragter menneskelivet over en lang periode, altså et helt liv, så går det op og ned for de fleste. Ting forandrer sig. Ligeledes skal det nævnes, at selvom man taler om trivselskrise blandt unge, er der også mange, der klarer sig godt, og en del stortrives endda, og det er jo rart at tænke på.

KAPITEL 9: *Coping,* mestring

Selvobservation er nyttig mht. at være vågen over for, om man begynder at have stresssymptomer. Stress tærer på både krop og sjæl, både soma og psyke. Man er derfor tilskyndet til at gøre *noget.*

Coping handler om mestring, nemlig hvordan et individ håndterer og klarer svære livssituationer såsom stress eller livskrise, trusler, tab, eksistentielle udfordringer og andre psykiske belastninger. Det handler om individets *bevidste* eller *ubevidste* bestræbelser på at overkomme og komme igennem sådanne svære perioder i livet.

Man kan derfor sige, at *coping* omfatter vores reaktioner på ekstraordinære livsudfordringer. *Copingen* sker ikke sjældent automatisk gennem adfærd, de ikke selv er helt bevidste om.

Forskelle i *coping* afspejler forskelle i personlighed; personlig livssituation; den *aktuelle situation,* som man står over; samt livsstil såvel som tilfældigheder. *Coping* vedrører handlemåde både under *rehabilitering* (behandling af stress) og stressforebyggelse. *Egenomsorg* er helt klart et nøgleord.

Som sagt, mennesker søger at undgå eller tackle vanskelige livssituationer på forskellig vis. Ofte falder man tilbage på nogle ubevidste *copingstrategier,* dvs. et *ubevidst* reaktionsmønster, hvor man ikke tænker så meget over, hvad man gør – man gør bare noget ret *instinktivt.* Nogle gange er sådanne ubevidste *copingstrategier* nyttige, andre gange er de uhensigtsmæssige, fordi de trækker vedkommende i den forkerte retning, altså væk fra en egentlig løsning af problemerne.

Coping virker som regel bedst, når den er udtryk for en bevidst og overvejet strategi, som personen har gennemtænkt. Strategien kan eventuelt være udarbejdet i samarbejde med en psykolog, stresscoach, psykoterapeut, ergoterapeut, læge eller anden fagperson. Bemærk: En række virksomme terapi- og behandlingsformer gennemgås i kapitel 11-15.

De tyngende arbejdsopgaver og udfordringer kan vedrøre éns arbejde, men også éns privatliv, f.eks. ved skilsmisse eller alvorlig sygdom i familien – eller muligvis en kombination af begge. Måske skal man køre sin kone til og fra kemo, gå med sin søn til konsultation i psykiatrien - eller datteren skal giftes – samtidigt med at der er super travlt på arbejdet.

De nævnte ressourcer vedrører forhold såsom éns kræfter, viden, motivation og ikke mindst éns tid. Ressourcer uddybes i kapitel 9 om *coping*.

Som tidligere nævnt, stress er en udfordrende og krævende tilstand i organismen forårsaget af fysiologiske og psykologiske reaktioner på stressfyldte belastninger. En stor mængde af stressbelastningen og samspillet mellem individ og omgivelser kan have signifikante konsekvenser for den stressramtes velbefindende og trivsel.

I forlængelse af sin definition af stress skal det nævnes, at Lazarus skelner mellem socialt stress, fysiologisk stress og psykologisk stress, dvs. *hvor* det er, at en stressramt mærker stressen.

Dermed skelner Lazarus mellem, hvilket livsdomæne stressen primært kommer til udtryk i – men stressen kan faktisk godt komme til udtryk i to eller alle tre domæner.

Hensigtsmæssig *coping*

Man er aktiv og tager kontrol ved at handle på det ydre plan – men hvorvidt en strategi kan betragtes som hensigtsmæssig og succesfuld eller ej afhænger af, i hvor høj grad den enkelte formår at iværksætte sine anti-stress-*copingstrategier* og bringe sine ressourcer i anvendelse i en sådan grad, at det lykkes at nedsætte og overvinde stressbelastningen.

Strategier, der retter sig mod stressens årsager og søger at fjerne eller forvandle disse, er som regel mere virksomme end blot at koncentrere sig om symptomerne alene. Målet er helt bestemt at nedsætte stressniveauet, således at man kan komme videre samt undgå, at stressen bliver mere permanent og dermed kan føre uheldige helbredsmæssige følgevirkninger med sig.

Med til det hensigtsmæssige hører, at de stressramte målrettet formulerer realistiske mål, som de evt. når i etaper og er bevidste om, hvordan de kan vide, om de har nået deres mål eller delmål.

Når den stressramte således oplever, at vedkommende faktisk formår at håndtere stressbyrden og oplever at *genvinde kontrollen* over situationen, kan det give anledning til optimisme og andre gode følelser, hvilket er med til at skabe en positiv cirkel af gunstige effekter.

Uhensigtsmæssig (usund) *coping*

Her forsøger man at løse problemet, eller kommer uden om det, men forværrer det i stedet for at mindske det.

Undgåelsesadfærd og berøringsangst er uhensigtsmæssig *coping*, fordi det er en form for passivitet og laden stå til. Vedkommende taler måske om vanskelige forhold, men forsøger ikke at gøre noget ved dem.

Når stresshormonerne bobler op og synger for fuld udblæsning, vil de sandsynligvis tilskynde én til at vælge nogle forkerte strategier, nemlig noget rent instinktivt eller automatisk. Mange ender ud i *overforbrugsadfærd*, dvs. øget brug af stimulanser såsom Coca cola, sukker, kaffe, alkohol, hash, kokain, Stesolid, Valium m.v. Indtag af for meget sukker og rusgifte er som gift for en stresset krop.

De ting, man overforbruger, samvirker med stressen og dræner organismen for energi og modstandskraft og er med til at gøre stressen mere udtalt. Det kan skabe en ond cirkel med stress, der fører til et endnu større overforbrug, der igen fører til mere stress.

En anden ting er, at overforbrug er lig med undgåelsesadfærd, fordi det skaber en distance, en flugt (*eskapisme*), da man kommer væk fra problemerne i sin rus af overforbrug eller bedøvelse af nervemedicin i stedet for at tackle stress lige-på og i helt ædruelig tilstand med mere hensigtsmæssige og virksomme strategier.

Coping og domæner
I litteraturen om *coping* skelnes der mellem en lang række *copingstrategier*, som kan opregnes alt efter hvilket livdomæne, *copingen* først og fremmest kommer til udtryk. Følgende er eksempler på *coping*:

- Direkte fokus på problemet, at løse det v.hj.a. strategi og handling
- At drøfte problemet med familie, nære venner og kolleger

- At arbejde med sin indstilling og sine tanker vedrørende problemet
- At undgå problemet og undvige situationer, der *trigger* (udløser) stressen. At distrahere sig selv for ikke at mærke stressen, f.eks. streame en masse (serie*binging*), løbe, cykle, dyrke fitness, strikke
- Lave afslapningsøvelser i form af meditation, yoga, Qi Gong osv.
- Arbejde med sin optimisme og håb
- Undgå konflikter, være harmonisøgende
- Frem for alt: opsøge professionel behandling

MCT's særlige opfattelse
Éns opfattelse af stress som noget farligt kan have uheldige følger. MCT er metakognitiv terapi, en nyere udviklingen inden for det kognitive paradigme. MCT's særlige opfattelse vedrører en stressramt persons forhold til sin stress, i kraft af vedkommendes *tænkning* om sin egen opfattede stress.

Budskabet er, at man skal lade være med at bekymre sig. Hvis man har tendens til at bekymre sig og overtænke, kan man have trang til *at mærke efter* hele tiden, hvilket forstærker uroen.

Terapiformen MCT anser, at bekymringskomponenten er den vigtigste at få has på. Ifølge MCT er det ikke arbejdet i sig selv eller et dårligt arbejdsmiljø, der er skyld i stress. Nej, det er menneskers *indstilling* og tendens til at bekymre sig – *ruminere* – der forårsager stress i mødet med store krav og stor arbejdsbyrde. Det vedrører også, hvordan man skal forholde sig til det – *cope* med det. Dette uddybes i kapitel 12 om MCT.

Relationer

At have gode og sunde medmenneskelige relationer og have en venlig omgangskreds er en vigtig del af menneskers velvære. Gode venner og fortrolige samtalepartnere er gode at have, ikke mindst hvis man går igennem en svær periode med en stressrelateret sygemelding.

Forholdet vedrørende relationer uddybes i næste kapitel (10), som handler om behandling.

KAPITEL 10: Behandling og transition

Der er ingen tvivl om, at stress rammer hårdt på mange måder, ikke mindst for de mennesker, for hvem deres arbejde og profession er en stor (hvis ikke den største) del af deres identitet og eksistensberettigelse. Det kan tage nogen tid at komme over en stressnedsmeltning og efterfølgende stresssygemelding. Man skal sørge for at komme ned i tempo. At gå ned i tempo er en fortrinlig måde at imødegå følelsen af udmattelse på, såvel som at søge at få en sund og tiltrængt *grounding* (jordforbindelse).

Den stressramte skal genfinde en sund balance mellem aktivitet og hvile, mellem at være på og slappe af. Et sted, hvor hvile, variation og bevægelse supplerer hinanden, så man ikke går i stå. At planlægge små pauser hver dag kan sikre, at man får tid til sig selv – og ro.

Stress kan slide på selv de stærkeste; men dette at være stresssygemeldt og føle sig "sat ud af spillet" kan gå en del ud over selvbilledet, selvfølelsen og selvtilliden, men dette vil alt andet lige ændre sig gradvis, efterhånden som helingsprocessen skrider frem.

Den stressramte har brug for ro og hvile i en tid, hvor vedkommende *drager omsorg for sit psykiske ve og vel* – og måske overvejer at *fjerne usunde vaner fra sit daglige liv,* som er med til at svække organismen, ud fra devisen, at dette at styrke den fysiske sundhed er én af vejene til at styrke sin mentale og psykiske sundhed og almene velvære.

I denne sammenhæng er det, på et tidspunkt, vigtigt at komme i behandling. Stress ælder kroppen og svækker immunsystemet (man kan f.eks. måle dette ved at analysere koncentrationen af immunceller i deltagernes blod), så det er formålstjenligt at komme ud af de dybeste stresstilstande.

Man skal opfatte stress som en tilstand, der er midlertidig – *en livsforandrende transitionsfase* – der dog sagtens kan vare et halvt år, et helt år eller mere, og som giver plads til, at den stressramte får mulighed for *at komme sig* og *nyorientere* sig.

Behandling

Som sagt er stress en desværre noget, man kan være ramt af i lang tid, og det betyder, at stressramte kan have meget lange perioder med mistrivsel. Derfor skal behandlingen også strække sig over nogen tid for langsomt at genopbygge psyken, livsglæden og trivslen.

Endvidere er stress underminerende for arbejdsglæden. Efter et stresssammenbrud skal arbejdsglæden genopbygges så nænsomt som muligt. Og som sagt anbefales behandling, som man skal gå i gang med, når man *føler sig klar til det*. Der er mange slags behandlinger, der kan hjælpe en stressramt med stressreduktion, hvilket vil sige at man oplever nedgang i stresssymptomerne.

Lægen er givetvis den første, man drøfter sin stresssygemelding med. Måske er det denne, der skriver en lægeerklæring vedrørende éns stress.

Derefter anbefales det mht. de psykologiske og psykosociale forhold at arbejde med en stresscoach, psykolog, psykoterapeut, ergoterapeut og andre fagpersoner – og som i alle mellemmenneskelige relationer, kan kemi mellem klient og behandler være af større betydning end hvilken type behandling man kommer i. Er kemien dårlig efter anden-tredje terapisession, kan det måske være en idé at overveje en anden fagperson – og lade være med helt at droppe behandling. Vigtigt er det at være motiveret for behandling og deltage med åbent sind – og være åben over for at registrere *fremskridt* og indgå i en dyberegående drøftelse af hele éns situation. Det kræver både mod og energi. Behandlingen skal føre frem til, at den stressramte kommer tilbage til livet igen.

Inden for psykologi ønsker man at behandle det, som man ud fra en kvalificeret vurdering antager, er årsagen til en lidelse. Ved stress gør flere forhold sig gældende, f.eks. *éns tanker omkring det*. I kapitel 11-15 gennemgås hyppigt anvendte og anbefalelsesværdige terapiformer, der er effektive mod stress og PTSD.

Transitionsfase
Stress er ikke i sig selv en livskrise, men den kan udløse én, og sygdommen kan opfattes som mulighed for at være i en *transitionsfase*. For nogle bliver en stresssygemelding og en tid derhjemme startskuddet til at overveje sit liv og se hele éns arbejdsliv i et større perspektiv. Man kan sige, at en *timeout* derhjemme giver *tid og rum* til *selvomsorg* og *refleksion*. Man har brug for en periode med en enkel og forudsigelig tilværelse.

Fysisk aktivitet er et *must* ligesom masser af frisk luft og sol og bevægelse/ophold i dejlig natur. Det er virkeligt regenererende og bringer luft til hjernen og organismen, hvilket sætter én i stand til *at tænke friskere tanker* og *se tingene klarere*. Hele forløbet med stress og stresssammenbrud inviterer én til at standse op og give sig tid til at tænke væsentlige tanker om sig selv – med andre ord: *tage sit liv op til revision*.

Flow

Når man skal genfinde livsglæden og livsmodet, kan det være formålstjenligt at have noget interessant og fængende livsindhold eller en lidenskab, man kan brænde for. Noget at leve for, skabe, udtrykke sig selv – men frem for alt et liv uden stress. Gøre noget, der gør én glad, f.eks. en hobby eller noget kreativt!

Flere og flere danskere oplever, at de har mistet evnen til at koncentrere sig i længere tid ad gangen, dette gælder ikke mindst ved stress og udbrændthed. Stress kan tage et ordentligt bid af éns arbejdsglæde, men hvis man omvendt *kan* finde sin arbejdsglæde igen, mens man oplever stress, kan det være en vej ud af tilstanden. Man kan både finde arbejdsglæden ved sit arbejde og udenfor. Hvis man har en hobby eller interesse, der kan bringe én i *flow*, kan det være en vej ud af stress.

Når man *er* i *flow*, er man dybt koncentreret og glemmer alt omkring sig. Man er fordybet og absorberet af en aktivitet. Man kan tackle problemer og få unikke idéer. Man føler glæde, entusiasme og afslappethed ved at arbejde med noget, man kan lide. En opslugthed, hvor tiden går hurtigt, uden at man ænser det. Af denne årsag opfattes *flow* som en modpol til tilstanden stress. *Flow* kan anvendes *intentionelt* som en buffer imod stress og til at finde arbejdsglæden og virketrangen igen. *Flow* er et begreb, der stammer fra positiv psykologi, en nyere psykologisk retning med en forskningsbaseret terapiform, som arbejder med *optimering af menneskers trivsel, vækst og psykiske sundhed.* Tid og afstand læger éns sår, men det sker ikke bare af sige selv; man skal gøre en indsats, f.eks. dyrke en hobby med en god ven. Eller fordybe sig i en aktivitet alene – og komme i *flow*.

Netværk og venskab

Høje niveauer af stress forbundet med mindre sociale netværk. Man kan føle sig sårbar på mange måder. Desårsag kan stress forårsage en stor grad af *tilbagetrækning*. Den stressramte er udkørt og orker ikke så meget, orker ikke mennesker, har måske ikke nerver til at færdes iblandt store menneskemængder.

Derfor trækker mange stressramte sig i stor grad fra sociale kontakter – men gode og nære venskaber (herunder godt kollegaskab) er godt for sundheden, og det kan være gavnligt for alle parter at ses indimellem, også selvom man er sygemeldt en periode.

Der er ingen tvivl om, at dette at have venner og interagere med dem er super godt for éns helbred. Mange undersøgelser har vist, at dybe og nære relationer er af essentiel betydning for menneskers livsglæde. Der er i forskning endvidere påvist en sammenhæng mellem stærke sociale relationer og lavt niveau af stress og angst – men man kan selvfølgelig godt opleve stress og angst, selvom man rent faktisk har en stor venskabsbase og et solidt netværk.

Udskillelse af hormonet *oxytocin* – det såkaldte "fornøjelseshormon" – øges ved nær kontakt med venner og andre personer, og det er det, som er befordrende for velvære og reduktion af stress.

Endvidere ved man, at *endorfiner* frigivet ved samvær i gode venskaber kan være en lige så kraftig smertestillende medicin som morfinbaserede lægemidler.

Med andre ord: stærke sociale bånd er for mange ensbetydende med en højere smertetolerance, en højere stresstærskel, og dét kan være gavnligt for stressramte.

Af disse årsager er det værd at overveje, at man netop *ikke* bør trække sig for meget fra sociale sammenhænge, da en god samtale med én eller flere venner kan være styrkende for helbred og livsmod. Målet er at gå i retning af helbredelse. Plus det kan være befriende at dele éns bekymringer og overvejelser med andre.

Ressourcer

Man står midt i et vadested, hvor man skal tænke sig godt om med hensyn til de skridt, man nu ønsker at tage. Her er det gavnligt med al den hjælp og alle de input man kan få.

Ud over behandlingen med fagpersoner kan stressramte i det hele taget opfordres til at bruge deres ressourcer i form af støtte fra familie, kolleger og venskabskreds samt evt. de personer, de møder gennem behandlingen. Deres *netværk*.

Måske er der blandt venner og bekendtskaber nogle, der har selv prøvet noget lignende med stress. De kan dele deres erfaringer og tanker. Dette er nyttigt, når en stressramt søger mod nyorientering og helbredelse.

Egne personlige ressourcer, som man kan trække på, er mod, dygtighed, vedholdenhed, kreativitet, at være opsøgende samt idérigdom mht. at se muligheder.

Kunsten at genstarte livet

En stresssygemelding er for mange mennesker begyndelsen på en livsforandrende rejse mod større selvindsigt, et stærkere helbred, bedre kontrol over éns liv og nyt livsindhold. Her er det nyttigt at lytte til, hvad kroppen og intuitionen fortæller. Hvad éns overvejelser og inderste ønsker fortæller én.

Nogle gange ender en stresssygemelding med, at man opdager eller ønsker at søge i retning af et nyt spor, få en ny start og et nyt liv. I transitionsperioden gør man sig nye erkendelser og træffer valg om fremtiden, hvilket er det samme som *nyorientering*. Måske ønsker man at stå af ræset, at arbejde på en anden vis – dvs. at komme ud af hamsterhjulet, som man siger.

Nogle ønsker sig et nyt job eller en ny livsvej, men de fleste vælger at komme tilbage til deres gamle arbejde og fag – medbringende deres nye erfaringer og nye erkendelser.

Man kan føle sig loyal over for sin gamle arbejdsplads, men på vore dages jobmarked sker der en del *udskiftninger*. Livslang ansættelse, som man kender det fra gamle dage, som f.eks. forfatterens egen morfar, der modtog Dronningens fortjenstmedalje for 50 år ansættelse i samme firma, er for de fleste moderne mennesker slet ikke en mulighed. Vor tids mennesker er mere omskiftelige. Det ses ved, at omkring 1 million mennesker skifter job hvert år i Danmark. Det er mange, sikkert endnu flere, end de fleste ville have forestillet sig.

Det er ingen skam at søge et job et andet sted, måske forsøge sig inden for en anden jobtype eller branche. Nogle vælger at blive selvstændige. Det er hårdt, for man skal dermed selv generere indtægter hver dag – men fordelen er, at man er sin egen arbejdsgiver, dvs. kan bestemme selv og lave det, man bedst kan lide.

* * *

* * *

Raskmelding

Nyorientering betyder, at man efterhånden vender sig mod at komme tilbage til arbejdslivet (hvis man kan og ønsker det), og det indebærer også, at man overvejer sin hele situation. Fleksibilitet i arbejdet øger arbejdsglæden, ikke mindst i forhold til organisering af éns arbejde og udførelsen af den.

Det er et mål for de fleste stressramte at blive rask nok til at vende tilbage til tidligere pligter, så de kan afblæse deres sygemelding, måske gradvis komme tilbage på arbejdsmarkedet, eventuelt i optrapning, begyndende med *en tredjedel tid* eller *halvtid* (hvis der er ønske om det; og hvis arbejdspladsen tillader det), for så efterhånden at komme op på *fuldtid* igen, når de er klar til det (hvis det f.eks. var fuldtid, de blev sygemeldt fra).

Inden man kommer tilbage på arbejdsmarkedet, kan det være nyttigt at overveje, hvad der *booster* éns arbejdsglæde, og det kan være mange små og store ting. Man kan spørge sig selv: *Hvem har ansvar for min arbejdsglæde og generelle trivsel? Hvad har jeg lyst til at lave nu? Hvordan vil min live være, hvis jeg lavede x?*

At skifte spor (livsbane)

Nogle stressramte opdager i processen, at de ønsker at have mere balance i deres liv, mere ro og harmoni i dagligdagen. Nogle opdager, at de har behov for en ny livsstil, måske præget af minimalisme, mere regelmæssighed, mere fleksibilitet, mere kvalitetstid og sundere vaner.

Måske ønsker de at tage en diæt fra dårlige nyheder i tv samt fra trælse og toksiske personer, der æder deres energi. Den slags ændringer kan gøre en stor forskel.

Nogle mennesker, der oplever stresskollaps, *skifter spor* på denne baggrund og vinder sig et nyt liv, der går i en anden retning end det liv, de kom fra før stressen. *Tør man leve helt anderledes? Kan man formulere nye drømme og nye mål? Har man lyst til at skifte spor?*

* * *
* * *

Caseperson Anne

At skifte spor gælder bl.a. for Anne Goncalves. Hun levede et "hurtigt" og travlt liv i London, som hun holdt af, men valgte efter ændring i sine livsomstændigheder at skifte spor.

I London arbejdede hun som grafisk designer på et forlag, men travlhed og et alt for hektisk og krævende liv udviklede sig til et stresskollaps, der ændrede alt.

Anne Goncalves undersøgte, hvordan hun kunne komme ud af stresstilstanden, og hendes valg faldt på yoga, som hun oplevede gav hende en dyb ro. Yoga i naturen eller derhjemme på stuegulvet.

I yoga opdagede hun, at hun kunne møde sig selv i *stilheden*, langt væk fra den støj og uro, der præger vores moderne samfund – og langt væk fra den stress, der havde haft et voldsomt tag i hende.

Efterhånden blev Anne Goncalves så god til yoga, at hun begyndte at undervise i det, og nu er hun blevet forfatter til yogabøger (hun havde jo en fortid i forlagsbranchen), samtidigt med at hun lever af at undervise i yoga, har hun fortalt til Vejle Amts Folkeblad. Dette er således *et helt nyt spor*, som Anne Goncalves er slået

ind på, og det giver hende glæde og en ustresset hver-
dag. [35]

Fri af stress

Alt i alt må det samlede mål for stresshelingsprocessen
være, at man – ud over at blive *fri af stress og stress-
symptomer* – vender tilbage som et stærkere og mere
indsigtsfuldt menneske.

Slutteligt er det ikke mindst vigtigt at være ret
bevidst om, hvordan man kan *forhindre tilbagefald*, så
man ikke gentager de samme "fejltrin" og undgår at gå
ned med stress igen!

KAPITEL 11: Kognitiv adfærdsterapi samt ACT

Kognitiv adfærdsterapi (CBT) er en fusion af to paradigmer inden for psykologi, nemlig adfærdsterapi, der udspringer af behaviorismen (dén med Watson og Lille Albert) og kognitionspsykologi. CBT fokuserer i sin terapi derfor på både *adfærd* og ikke mindst den *tænkning*, der ledsager adfærden.

Inden for kognitionspsykologien er der udviklet mange forgreninger, herunder ACT (gennemgås til sidst i dette kapitel), metakognitiv terapi (MCT, kapitel 12) og mindfulness (kapitel 13).

Grundidéen i CBT

I CBT er grundidéen, at tanker er ophav til følelser, kropslige fornemmelser og adfærd, men de fire påvirker også hinanden gensidigt. Det anskueliggøres i flg. figur.

Den kognitive diamant

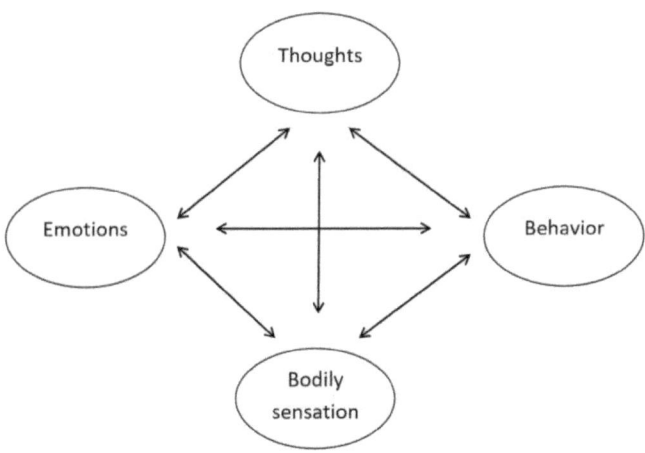

137

I CBT arbejder psykologen/terapeuten med menneskers *kognition* med det formål *at frembringe kognitiv forandring* hos en given klient.

Man betragter *kognition,* hvilket her især vil sige en klients tænkning og informationsprocesser, som den instans, der skaber den egentlige forandring, dvs. helbredelse. Det sker for omkring 75 % af de klienter, der er i behandling.

Ifølge CBT er det, der forårsager psykiske problemer og lidelser, forkerte antagelser og irrationelle overbevisninger, hvilket med en faglig term kaldes for *forvrængede skemaer.*

Det, som man tænker om sig selv og sin omverden, har afgørende betydning for, hvad man føler, og hvordan man opfører dig i specifikke situationer. Hvis man tænker noget forkert eller urealistisk, får det således indflydelse på, hvad man føler, og hvordan man handler.

Derfor går terapi med CBT ud på, at psykologen dybdegående afdækker klientens måde at tænke på. Psykolog og klient kigger på selve indholdet i klientens tanker for at udlede specifikke tankemønstre og tænkevaner. Tankemønstrene kan vedrøre klientens selvbillede, omverdensbillede, leveregler osv.

En leveregel kan for eksempel være: *Hvis jeg ikke får ros og anerkendelse i på mit job, er jeg ikke god nok.* Eller *Jeg er ikke noget værd, fordi jeg er X.*

Når sådanne skemaer aktiveres i løbet af hverdagens mange gøremål, kan de afføde ubehagelige følelser i en person, f.eks. følelser som skyld, skam, tristhed eller vrede. Dette kan igen afføde en adfærd i form af f.eks. aggression, undgåelsesadfærd el. selvisolation.

Hvis man i terapien afdækker, at der *er* uhensigtsmæssige tankemønstre hos klienten, behandles disse ved hjælp af *kognitiv omstrukturering*, således at klienten aflærer de kognitive forvrængninger, og nye mere hensigtsmæssige og realistiske måder at tænke på indlæres. Det er vigtigt at bemærke, at behandlingen ikke går ud på at lære patienten at tænke positivt, men derimod at tænke logisk, realistisk og hensigtsmæssigt som erstatning for tidligere fordrejede tankemønstre. På denne måde arbejdes der med personens indre kognitive informationsbearbejdning. Hvis det lykkes at omstrukturere, er klienten dermed kureret.

CBT og stress

Noget af det første, en CBT-psykolog vil gøre, er at kortlægge, *hvornår* og *hvordan* stressende situationer opstår hos den stressramte klient – og afdække klientens tankemønstre, som er en del af stressen.

Nedenstående illustration anskueliggør forbindelsen mellem de tre vigtigste faktorer, som udøver pres på den enkeltes psyke og har indflydelse på udvikling af stress og udbrændthed.

Personlighed & perception

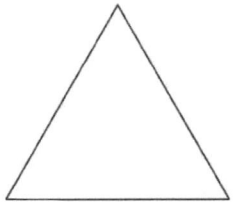

Livsomstændigheder   *Pres & krav*

Psykologen støtter klienten i at undersøge, hvordan tanker, følelser og adfærd påvirker hinanden. Det er de dybereliggende overbevisninger, som fastholder en klient i bestemte faste tankemønstre.

Nogle kognitive forvrængninger og irrationelle fejlslutninger er nemme at afdække og arbejde med – andre er mere sejlivede. Efter CBT's opfattelse vedligeholdes psykologiske problemstillinger af negative tanker og kognitive forvrængninger. Det er derfor, man gerne vil opspore dem konkret.

Ifølge kognitiv psykologi er personens mentalitet i form af hans/hendes *perception* den vigtigste faktor, dvs. det er ikke éns livsomstændigheder el. pres og krav, der udløser stress – *derimod éns tanker om disse forhold* – og det vil alligevel i praksis sige alle disse tre i forening, for uden pres og krav ville der ikke være nogen *perception* deraf.

Undervejs i processen med kognitiv omstrukturering er én af teknikkerne rollespil. Det viser sig, at visse tankemønstre indeholder temmelig *begrænsende* og *selvnedsættende* overbevisninger.

Hvis samtalen afdækker, at en stressramt klient har skemaet *Jeg dur ikke til noget,* kan der arbejdes med dette i rollespil, hvor psykologen og klienten skiftes til at sige nogle replikker, bl.a. det nævnte skema – og de efterprøver, om skemaet er korrekt, logisk, realistisk og hensigtsmæssigt. Det er det givetvis ikke, og så taler de om mere retvisende måder at opfatte sig selv på.

Dermed får klienten hjælp til at *reevaluere* sine tænkevaner. Psykologen spørger måske: *"Kunne man tænke det her på en anden måde?"*

Denne behandlingsproces er med til at indkredse de overbevisninger, der giver næring til negative el. fordrejede tanker. Tit er følelser som skyld og skam i forbindelse med stress så stærkt knyttet dertil, at disse følelser (*som udspringer af klientens måde at tænke på*) også bliver taget op i behandlingen.

Samtale, rollespil og kognitiv omstrukturering er ikke det eneste, man laver. Klienten må arbejde med sin stresstilstand derhjemme, evt. små ting i begyndelsen. En typisk hjemmeopgave er det såkaldte "ugeskema", hvor man observerer sig selv (*selvmonitorering*), f.eks. skal man observere, hvilke tanker der *trigger* (dvs. udløser) følelsen af stress. Klienten får da mulighed for at efterprøve sine kognitive antagelser og overbevisninger.

En anden typisk hjemmeopgave er at indøve nye hensigtsmæssige tænkevaner. Dermed introduceres nye realistiske eller egenomsorgsfulde tanker i klienten. Det skaber forandring dér, hvor tankemønstrene før forårsagede fastlåsthed.

Mennesker med tankemylder og rumination kan have et skema, der siger: *Det nytter, at jeg går og bekymrer mig meget.* Men for mange bekymringer viser sig som regel at være befordrende for stress.

Mennesker med impostersyndrom (kapitel 5), der også kan føre til stress, kan med fordel søge behandling for det eksempelvis vha. CBT, hvor man netop arbejder med fordrejede tankemønstre, forkert selvbillede og fejlagtige opfattelser.

CBT arbejder også med eksponering, f.eks. i forbindelse med fobi. En effektiv måde at få *desensibiliseret* eller *udslukket* sin fobi på, er at blive *eksponeret* for det, man har fobi (frygt) over for.

PTSD

PTSD-ramte kan have gavn af CBT, og især den form for kognitiv behandling, som hedder *traumefokuseret kognitiv adfærdsterapi*. Ligeledes *prolonged exposure therapy* (forkortet PE) er særdeles velegnet. PE gennemgås i kapitel 15.

ACT

Acceptance and Commitment Therapy, forkortet ACT, er en nyere terapiretning, der er udsprunget af CBT. ACT går ud på at kunne tilpasse sig livets og hverdagens nemme såvel som svære udfordringer samt revitalisere håb og drømme. ACT indeholder få og enkle elementer, som man i det store hele også finder i andre kognitive behandlingsformer, Følgende tre dele er væsentlige i ACT:

1) ACT har som grundidé, at klienten skal håndtere sine negative tanker, følelser, symptomer og omstændigheder ved hjælp af *accept*. Det vil sige, klienten skal *acceptere* de svære ting, som vedkommende har i sit liv. Det sker ud fra en antagelse af, at accept fremmer klientens psykiske fleksibilitet, hvilket kan afhjælpe vaner med undgåelsesadfærd, da man ikke længere behøver at undvige det, man tidligere ikke kunne acceptere i sig selv eller andre. Det er en *modgift* til psykisk rigiditet, der begrænser vores udfoldelse og selvaccept. ACT er derfor også en måde at møde sig selv og andre på med nysgerrighed og et åbent sind.

2) Målet for ACT-terapi er nemlig ikke at omstrukturere uhensigtsmæssige og forvrængede tankemønstre som i CBT – men derimod at *acceptere* dem for at reducere den kamp, en klient kan have med at kon-

trollere eller eliminere disse. Man skal opdage, at tanker og følelser er midlertidige som skyer, der driver forbi på himlen – lidt ligesom ved mindfulness og endnu mere ligesom ved MCT (*detached mindfulness*) – men ACT kalder deres meditationsterapi for *defusion*.

3) ACT ønsker, at klienten skal arbejde med sine *værdier*, blive bevidstgjort om dem og ikke mindst leve dem, dvs. blive handlekraftig mht. at handle ud fra sine inderste værdier. Derfor tilskynder ACT-terapi klienten til øget engagement i sunde, meningsfulde og konstruktive aktiviteter. ACT arbejder ikke med begrebet "metakognitive overbevisninger" ligesom MCT (kapitel 12). Derimod fokuserer ACT på at hjælpe klienten til at leve i overensstemmelse med vedkommendes værdier og forfølge mål og aspirationer.

ACT går godt i spænd med mindfulness og MBSR (uddybes sidst i kapitel 13).

Terapeutisk mindfulness kombineret med ACT
Disse to terapiformer går også godt i spænd og anvendes af nogle psykologer og psykoterapeuter. ACT er en form for CBT og bygger på behavioristiske principper. Former for mindfulness findes i både MBSR og ACT. Derudover har ACT et på begreberne *accept* og *værdier*. Derfor kan man sige, at ACT i lige så høj grad er udtryk for en *livsanskuelse*, som det er en terapiform.

Accept er ikke en passiv billigelse af tingenes tilstand. Det er ikke resignation. Accept i ACT's forståelse har en vigtig handlingskomponent. Det betyder snarere dette at udholde, rumme, blive ven med og kunne være med det, som er, inklusive det som er svært. Det handler om åben og ikke-dømmende selviagttagelse ligesom i mindfulness. Herigennem kan klienten lærer at øge sin evne til at håndtere svære følelser eller kropslige tilstande. Endvidere er et vigtigt mål i terapien at finde frem til, hvad der skaber mening og værdi i klientens liv. I CBT er fokus mere på at omstrukturere uhensigtsmæssige tankemønstre og ikke bare acceptere negative tanker og emotioner.

KAPITEL 12: Metakognitiv terapi [36]

Metakognitiv terapi (forkortet MCT jfr. engelsk *meta-cognitive therapy*) er en nyere evidensbaseret og tidsbegrænset terapiform (8-12 gange), som retter sig mod psykiske lidelser såsom angst (herunder OCD) og depression samt stresstilstande (herunder overtænkning og tankemylder); men terapiformen retter sig imidlertid ikke imod specifikke fobier. [1]

Forskningen viser, at MCT opnår fine resultater med deres klienter, dvs. der er gode muligheder for helbredelse.

Mange moderne terapiformer er i familie med hinanden; de er udviklet på baggrund af nye indsigter og forskning i psykisk lidelse og behandling. MCT er opstået inden for paradigmet af kognitiv psykologi og kognitive terapiformer.

MCT kan virke simplistisk og måske lyde lidt firkantet i forhold til andre retninger, for terapiformen har få og enkle principper. MCT har en radikal anderledes opfattelse af behandling. MCT tilbyder en skånsom terapiform, der er udviklet af den britiske psykolog Adrian Wells med fokus på menneskers selvopmærksomhedsprocesser og er koblet sammen med informationsbehandlingsteori, baseret på en informationsbehandlingsmodel af Gerald Matthews.

Adrian Wells mener, at sindet heler sig selv, når det får tid og ro til det. Éns sind kan ikke komme ud af

---

[1] Det viser sig, at fobier lader sig bedre kurere med CBT end med MCT, fordi CBT bl.a. arbejder med at eksponere klienterne for fobierne og arbejder ligeledes med bytræning, hvilket MCT slet ikke gør.

angst og bekymring, så længe man bekymrer sig og giver det overdreven opmærksomhed. MCT-behandlingens fokus ligger på klientens *metakognitive processer*, der menes at forårsage og vedligeholde psykisk lidelse. Formålet med terapien i MCT er bibringe klienterne redskaber til at håndtere deres tanker og tænkning. Dette uddybes og forklares i løbet af dette kapitel.

Forskellen på MCT og CBT
Overordnet sagt er forskellen på MCT og CBT, at klassisk CBT (kognitiv adfærdsterapi) arbejder med *desensibilisering* og *afspænding* samt *ændring af problematisk tankeindhold og adfærd*, hvorimod MCT arbejder med at udfordre klientens tænkevaner og tendens til bekymring, men uden at arbejde med selve det problematiske tankeindhold.

MCT-terapeuten, der som regel er en universitetsuddannet psykolog eller privatuddannet psykoterapeut, dykker ikke ned i specifikke problemer, traumer eller oplevelser fra barndommen. Man kigger ikke på selve tankeindholdet – men på personens tænkevaner.

Ifølge forskningen har vores tænkning en stærk indflydelse på vores følelsesmæssige og psykiske velvære. Det er den grundidé, som MCT arbejder ud fra.

I praksis betyder dette, at MCT anser psykiske lidelser som noget, *der stammer fra den enkeltes tænkning*. Som en konsekvens heraf opfattes "KOS" som noget centralt i teorien om MCT. Ifølge MCT er netop KOS ophavet til psykisk mistrivsel og lidelse – og KOS kan behandles. *Hvad er KOS?*

KOS

KOS er *kognitivt opmærksomhedssyndrom* (også forkortet CAS, jfr. engelsk *Cognitive Attentional Syndrome*). Mange mennesker har tendens at give deres bekymringer *alt for meget* opmærksomhed. Dette er det essentielle i KOS.

KOS og dermed trangen til at give sine bekymringer for meget opmærksomhed virker ifølge teorien om MCT negativt selvforstærkende.

KOS kendetegner en dybereliggende kognitiv mekanisme, der forårsager og opretholder psykiske tilstande såsom stress, herunder stressadfærd, f.eks. *rumination* (overdreven grubleri), problemforudseenhed, imaginær problemløsning samt måske trusselsmonitorering, sikkerhedsadfærd og undgåelsesadfærd. I denne bog hviler fokus på stress, men den nævnte adfærd observeres også ved andre psykiske tilstande end stress, f.eks. OCD [2] og PTSD.

Man må forholde sig til, hvilke gevinster der er ved at bekymre sig – og om dette at bruge en masse tid på at bekymre sig virkeligt kan løse éns problemer.

Rumination

Alle mennesker oplever tanker og følelser, som opstår i vores bevidsthedsstrøm. I MCT's forståelse er psykisk lidelse er ikke forårsaget af disse tanker og impulser (f.eks. minder eller frygt) – det er derimod en persons måde *at forholde sig* til disse tanker og impulser på, der

---

[2] Rumination er ét af flere symptomer, der hyppigt ses ved angstlidelser (herunder OCD) og depression. OCD har meget med koblingen af tanker, tænkemåde og adfærd at gøre. En OCD-ramt person er netop præget af obsessive tanker og tvangspræget adfærd, og dette går hånd i hånd med rumination, der er en hårdnakket kompulsiv mental vane.

kan skabe lidelse, f.eks. når tænkningen bliver tvangspræget og ruminerende. "Rumination" er et engelsk ord, der i sit udgangspunkt betyder "drøvtygning". Man ser for sig en mark, hvor en flok køer ligger og gumler og tygger drøv. Inden for psykologiens fagfelt betegner rumination en kompulsiv (dvs. tvangspræget) aktivitet, en mental vane – som man måske snarere bør kalde en *mental uvane* – i kraft af en indgroet trang til at gruble og dvæle ved bestemte (oftest negative, bekymrende og frygtsomme) tanker, forestillinger og erindringer.

Der er tale om er en gentagen negativ tankeproces, som udspringer fra en vane med selvkørende tanker, som kan være svære at standse.

Man kan sammenligne det med en cirkulær proces, der så at sige har sat sig fast i et individs hoved, hvor tanker kører i ring. Der er tale om tankestrømme, som det er svært at komme ud af selv uden hjælp fra f.eks. en certificeret MCT-psykolog.

Bekymringstanker kan der være nok af. Man kan være bekymret eller bange for alt muligt. Bange for, at tingene ikke kan hænge sammen for én økonomisk. Man kan have ansvaret for en travl børnefamilie – og *går det nu godt med børnene? Blive de syge? Kan man holde til sit job?* Man kan være bange for at træffe den forkerte beslutninger.

Bekymringstankerne kan være mange og overvældende. De har deres eget liv, og det kan være svært at se en udvej eller en holdbar løsning mht. dem. Nogle søger derfor behandling for det, fordi de har hørt, at tankemylder nu er noget, der kan behandles.

Tankemylder inviterer klienten til at forholde sig til allehånde problemstillinger – men den overdrevne forholden sig er i virkeligheden en ret *uhensigtsmæssig håndteringsstrategi*, som mange anvender ved mødet med negative problematikker, urovækkende tanker og svære følelser. Disse forhold skal klienten bevidstgøres om. På denne måde bevidstgøres klienten om sin egen tænkning, dvs. MCT arbejder på *et metaplan*. Denne overdrevne forholden sig bunder i virkeligheden en *uhensigtsmæssig håndteringsstrategi*, som anvendes ved mødet med negative problematikker, urovækkende tanker og svære følelser (KOS). Gennem terapien bliver den ruminerende klient bevidst om sin egen tænkning og tænkevaner. Dette er et *metaplan*, som MCT arbejder på.

Således søger den certificerede MCT-terapeut gennem samtale, øvelser og indlæring af brugbare, praktiske redskaber at hjælpe klienten med at organisere og omstrukturere sin særlige tænkestil ud fra et metakognitivt perspektiv.

Tit bekymrer man sig om noget, som aldrig sker, men ikke desto har den ruminerende person tiltro til, at det er god handlestrategi at bekymre sig. Men det er det ikke! Det er *en falsk metakognitiv overbevisning*.

En anden typisk metakognitiv overbevisning er, at hvis man har en given tanke eller bekymring, så skal man tage sig tid til den. Dette sker hyppigt for stressramte, mennesker med OCD og andre. Men det er en forkert metakognitiv overbevisning af følgende årsag:

Vanen med at bekymre sig kan være yderst foruroligende for personen, fordi vedkommende vedblivende tænker bekymrende og frygtsomme tanker. Vanen viser sig at være særdeles *opmærksomhedsstjælende* og *tidskrævende*. Der kan gå meget tid og energi med at bekymre sig. Nogle berørte oplever, at tankerne tager magten, og dermed kan vanen ende med at blive selvdestruktiv og altfortærende.

MCT's opfattelse er, at overdreven selvrefleksion er fuldstændigt kontraproduktiv: I stedet for at løse problemer vha. overtænkning, forværrer man dem faktisk. Der er tale om vedligehold og forstærkning af de destruktive tænkevaner, hvilket er det modsatte af udslukning og helbredelse for rumination.

MCT er netop udviklet som et redskab til at hjælpe mennesker med at stoppe rumination og overtænkning. Formålet er, at vedkommende opnår en slags *frisættelse*, der giver plads til nye handlemuligheder.

Helbredelse indtræder, når den ruminerende person vedvarende og betydeligt kan nedsætte mængden af den tid og energi, som vedkommende bruger på at ruminere.

Selve terapien

MCT-terapien benytter *standardiserede behandlingsmanualer*, som forklarer, hvorledes og i hvilken rækkefølge en klient føres gennem behandlingens enkelte øvelser. Den er også vejviser til de samtalepunkter, hjemmeopgaver og tilbagefaldsforebyggelse, som indgår i behandlingen.

Et mål for terapien er at modificere klientens *metakognitive overbevisninger,* som bl.a. indeholder vedkommendes forholden sig til egne tanker og tænkevaner, dvs. klientens opfattelse af, hvordan man skal tænke, hvordan man skal forholde sig til sin egen tænkning. Der kan være overvejelser om, hvorvidt en gennemspilning af diverse scenarier og grublerier i virkeligheden er hjælpsomt eller overflødigt: *Hvis jeg grubler meget, kan jeg så nå frem til en holdbar løsning?* Ligeledes udfordres klienten til at tage stilling til, hvad vedkommende egentligt ønsker at bruge sin tænkning til og bliver dermed ledet frem til, hvorledes vedkommende eventuelt kan bruge sin tænkning mere konstruktivt.

Det skal betones, at MCT ikke kritiserer tænkning i sig selv – men det er overtænkning og rumination, som man ønsker at lukke ned for. Og det er jo netop også dét, som mennesker tit søger MCT-behandling for.

Carsten Juul
Carsten Juul er pionér indenfor metakognitiv terapi i Danmark. Han er endvidere formand for Angstforeningen. Ifølge ham kan KOS få den stressramte og andre til at udvikle uhensigtsmæssige *copingstrategier*. Rumination anvendes (som regel ubevidst) af personer som en strategi til at dulme eller forsøge at kontrollere negative tanker. Det giver en grundlæggende mental uro. Man giver sine bekymringer alt for meget opmærksomhed, og bekymringerne vokser i stedet for at blive løst. Man kan derfor ende med at blive en del selvoptaget og selvfokuseret uden at få løst sine problemer. [37]

Vanen med at ruminere resulterer i *overtænkning* i form af en endeløs tankestorm af bekymringer, spekulationer, analyser, vurderinger, overvejelser, gennemspilning af mulige scenarier og fiksering af éns opmærksomhed på forestillede og reelle trusler, egen adfærd og mulig adfærd (*planlægger handlestrategier*),

negative følelser, fortrydelser og ærgrelser, problemløsning (hvor man måske løser problemer, endnu inden de er opstået), og man kan planlægge dialoger. Der kan være overdreven selvopmærksomhed mht. kropslige reaktioner, f.eks. hjertebanken og indre uro. Alle disse forhold skaber *tankemylder* hos vedkommende i form af et virvar af tanker. [38]
Ifølge MCT er rumination ikke noget, man er født med. *Rumination en vane, som man har udviklet.* Eller har overtaget fra forældre. Men i og med at rumination er indlært, mener MCT i tråd med behaviorismen, at man også kan *aflære* det igen netop ved hjælp af MCT – dog ikke at det nødvendigvis er nemt, men det *kan* lade sig gøre.

MCT og PTSD-ramte

KOS ses ikke sjældent hos stress- og PTSD-ramte, og desårsag er MCT især velegnet til behandling af stressramte og PTSD-ramte mennesker. Terapien arbejder med at lære klienterne at slippe refleksionen omkring deres problemer, således at deres tanker ikke kredser om dem hele tiden i form af bekymringer og rumination.

MCT kan være en gavnlig terapiform for PTSD-ramte, men kan nok ikke stå alene som behandlingsform i de fleste tilfælde og bør muligvis suppleres med PE, MBSR og CBT eller lignende.

Nogle MCT-psykologer mener dog ikke, at man bør blande MCT sammen med andre terapiformer. I deres øjne skulle sessioner med MCT være nok til helbredelse, i hvert fald flertallet af tilfældene.

Meditation arbejder man også med i MCT i form af *detached mindfulness* (gennemgås længere fremme i dette kapitel). *Detached mindfulness* er essentiel i MCT-behandlingen. Meditation kan være vanskeligt i begyndelsen for de fleste mennesker, ikke mindst for PTSD-ramte, fordi disse personer kan mangle ro og have svært ved at sidde stille. Men MCT kan være en stor hjælp, bl.a. fordi PTSD-ramte tit lider af KOS.

Tænkevindue

MCT-behandlingen ønsker at identificere, hvilke typer af triggertanker hos klienten, der fører til tankemylder. Når disse er identificeret, instrueres klienten i at skubbe arbejdet med disse tanker til det såkaldte *tænkevindue,* populært også kaldet "bekymringstid" eller "grubletid".

Mange mennesker har den idé, at dette at bekymre sig kan løse problemer, men et terapeutisk forløb i MCT indebærer, at personen *ændrer falske metakognitive overbevisninger*, der påvirker klients mentale sundhed og velvære negativt.

MCT ønsker at forbedre den måde, som vedkommende *reagerer på* og *håndterer* sin tendens til overtænkning og de selvgenererede ruminerende tanker.

Med andre ord: når éns tendens til tankemylder tager over, kan man vælge at bestemme, at man vil kigge på tankerne i et bestemt tidsrum, som her kaldes "tænkevindue". Det kan f.eks. være hver dag mellem kl. 18:30 og 19.

Når man så når til dette tidspunkt, hvor der er sat tid af til at gruble og bekymre sig, oplever mange til deres forundring, at en stor del af de bekymringer, som de havde i løbet af dagen, slet ikke er vigtige længere.

Ved på denne måde at styre udenom de stress-fremkaldende bekymringer, oplever man at få mere mental energi, og man oplever, at bekymringerne bliver mindre. *Det frigør handlekraft.* I forbindelse med stress mener MCT, at der er en tæt sammenhæng mellem stress og tendensen til at bekymre sig. Hvis man kan bekymre sig mindre, vil stressen begynde at aftage.

Forskel mellem MCT og mindfulness

Der er en forskel mellem MCT og mindfulness. I MCT vil man gerne *distancere sig* fra mindfulness, således som det f.eks. praktiseres i MBSR. I MBSR søger klienten opmærksomhed på egne tanker og følelser samt kropslige tilstande og reaktioner. Opmærksomheden er rettet mod disse for at observere og registrere dem, men uden at knytte sig til dem. Et sådant fokus har MCT ikke. Derimod er det MCT's ønske, at klienten skal *distancere sig* fra sin tænkning: Man skal slet ikke rette opmærksomheden mod sine tanker og følelser (KOS). Dog anvender MCT visse udvalgte indslag fra mindfulness, som MCT kalder *detached mindfulness,* hvor man netop ikke retter opmærksomheden mod sine tanker og følelser.

Detached mindfulness

I MCT anvendes en meditationsform, som kaldes *detached mindfulness,* dvs. "afkoblet mindfulness". *Detached mindfulness* træner den praktiserendes opmærksomhed på *lyde,* idet vedkommende skiftevis koncentrerer sin opmærksomhed på forskellige typer af lyde, der kan høres, sanses eller anes.

Detached mindfulness har flere funktioner: Først og fremmest skal man træde et skridt tilbage fra sine tanker. Dernæst skal man *adskille sig / koble sig* fra sine tanker og se tanker som *forbigående begivenheder* i sindet, som man ikke behøver at tillægge mening på samme måde, som hvis man står ved en landevej, hvor der er en mængde biler, der kører forbi, og hvor man ikke behøver at tillægge hver enkelt bil nogen særlig betydning. Man lader dem bare glide forbi uden at tjekke dem nærmere ud.

Det betyder, at personen skærper sin evne til opmærksomhed, men *uden* at dvæle ved sine tanker. På denne måde øver man sig i *sameksistere* med sine tanker. Det er denne erfaring, man skal indlære, at man faktisk er i stand til at mestre.

Opsummering
Mens de fleste psykologiske terapiformer som regel handler om bevidstgørelse af klienten, handler MCT for så vidt ikke om bevidstgørelse af psykisk indhold hos klienten. Derimod skal tendensen til klientens sejlivede og overdrevne vane med overtænkning klarlægges og bevidstgøres. MCI ønsker at bevidstgøre klienten om vedkommendes *metakognitive overbevisninger*.

Dette vedrører, hvad vedkommende tænker om, og har af indsigt i, egen tankevirksomhed, men ikke tankeindholdet i sig selv – i modsætning til terapiformer såsom psykoanalyse, CBT og ACT (uden sammenligning i øvrigt). MCT udspringer godtnok af kognitiv psykologi, men MCT arbejder med udgangspunkt i et metaplan.

KAPITEL 13: Terapeutisk mindfulness, herunder MBSR

Mindfulness er en form for meditation, hvor den enkelte fordyber sig i *en stilletid med sig selv*. Meditation er i det seneste år blevet populær herhjemme, både hos specifikt spirituelle mennesker – men også hos ikke-spirituelle mennesker, som almindeligvis ikke interesserer sig for alternative, spirituelle eller esoteriske ting. Videnskabelig forskning har gentagne gange vist, at meditation i det hele taget er sundt for menneskers psykiske helbred. Det er med til at skabe psykisk og fysisk afslapning, sænke blodtrykket, forbedre søvnen og kan give mere opmærksomhed, koncentration, klarhed og overblik hos den mediterende.

Jo oftere man mediterer, f.eks. i sessioner af 15-20 minutter, jo bedre bliver resultaterne. Mindfulness-instruktør og medgrundlægger af en terapihave i Hellebæk, Pernille Riis Durafour, forklarer: "Hjerneforskning viser, at jo flere meditationsøvelser man laver, jo flere ændringer kan man se i hjernen i de områder, som står for reguleringen af stress." [39]

Dybere afslapning

Meditation giver en tilstand af dybere hvile end blot almindelig afslapning. Meditation aktiverer det parasympatiske nervesystem, og den mediterendes åndedræts-frekvens og puls falder *mere* end under almindelig afslapning. Dette kan fremskyndes ved bl.a. at lave ånde-drætsmeditation, hvor åndedrættet anvendes som et anker, man kan holde fast i. Af denne årsag er meditation supergodt mod stress. Ved meditation kan man registrere et ekstra stort fald i iltoptagelsen såvel som et fald i koncentrationen af *mælkesyre* i blodet. Det er et tegn på, at en stresstilstand er ved at fortage sig. Mælkesyre dannes nemlig under stress og er forhøjet hos personer med forhøjet blodtryk.

Endvidere kan man direkte måle, at koncentrationen af stresshormonet *kortisol* ligger lavere hos mennesker, der regelmæssigt praktiserer meditation.

Således har terapeutisk mindfulness vist sig at være en brugbar og effektiv behandlingsteknik til personer med stresstilstande, angstlidelser, kroniske smerter og depression m.fl. Der findes flere forskellige typer af terapeutisk mindfulness, men grundideen i dem er den samme.

Mod stress anbefales især den autoriserede og evidensbaserede MBSR. Derfor er fokus i dette kapitel på behandling af stress og PTSD med terapiformen MBSR, der er en forkortelse for *mindfulnessbaseret stressreduktion*.

I sig selv er *mindfulness* et engelsk ord med betydningerne "awareness" og "paying attention to the present moment". Ordet kan oversættes til dansk med "bevidst nærvær" samt "væren bevidst til stede i nuet". Inden for de psykologiske teoriers udvikling, tilhører mindfulness den 3. bølge inden for kognitiv terapi.

******* MBSR *******

MBSR er *mindfulnessbaseret stressreduktion* og blev udviklet i 1979 på Det medicinske Institut på University of Massachusetts af den amerikanske professor og ph.d. i molekylærbiologi, *Jon Kabat-Zinn*.

Meditation og yoga kendes især fra spirituelle retninger som buddhisme og hinduisme. Jon Kabat-Zinn fandt da også inspirationen til at udvikle MBSR netop gennem sine egne personlige erfaringer med zenbuddhistisk meditation – som elev af den sydkoreanske zenmester *Seung Sahn*.

Da meditation jo har mange gode virkninger, tænkte Jon Kabat-Zinn, at man bør udnytte disse gode virkninger på mennesker med psykisk ubalance og psykiske lidelser. Derfor udviklede han et program med terapeutisk mindfulness. *I det hele taget er formålet med mindfulness at lindre lidelse.* Terapeutisk mindfulness er dog renset for religiøse og spirituelle islæt, således at det alene er det terapeutiske og sekulære, der er i fokus ved behandling.

Jon Kabat-Zinns banebrydende forskning har bidraget til at udbrede terapeutisk mindfulness til hospitaler, virksomheder og andre samfundsinstitutioner.

De fleste kan deltage i denne behandlingsform, idet ingen specifikke kvalifikationer kræves. Alligevel tænker man måske: *Kan jeg lære at meditere? Kan jeg lære mindfulness?*

Ja, det kan de allerfleste. Man lærer det ved at praktisere det. *It's learning by doing.* Der er ikke noget hokuspokus, men det kræver øvelse.

MBSR i sig selv består nogle for så vidt af nogle ganske enkle redskaber, som man kan tilegne sig, og som man skal arbejde med. Det er ikke vanskeligt at lære MBSR, men det kræver noget træning, fordi man øver sig i at komme dybere i kontakt med sig selv på en måde, som de fleste ikke er vant til. *Der er tale om guidet meditation; psykologen guider gruppen.*

MBSR-meditation er helt uanstrengt, man skal overhovedet ikke gøre noget andet end at sidde og trække vejret. Der kræves ingen mental indsats. Dermed er en vigtig del af MBSR at fokusere på éns åndedræt – ved at være bevidst om sit åndedræt gennem næsen. Det aktiverer det parasympatiske nervesystem, hvilket giver oplevelsen af psykisk ro – og samtidigt stopper det udskillelsen af stresshormoner.

Neuroplasticitet

Hjernen er plastisk – *neuroplasticitet* – dvs. hjernen er formbar i forhold til det liv, vi lever hver især. Med andre ord: Vores hjerner former sig efter den måde, vi (ofte ubevidst) bruger vores hjerne på. Vores levede liv og erfaringer har dermed indvirkning på den måde, som vores *neuroner* (hjerneceller) forbinder sig til og relaterer sig til hinanden på. Dermed henviser begrebet "neuroplasticitet" ikke kun til, at hjernen er organisérbar, men også at den i stor grad er <u>om</u>organisérbar. Dermed er hjernen ikke statisk, således som man tænkte sig det i gamle dage.

At dyrke mindfulness er med til at forme vores hjerner, så der opstår flere harmoniske processer i hjernen, og der opstår mere *styrke* i vigtige områder af hjernen. Man anvender ordet *neurogenese* om hjernens evne til at danne nye neuroner. Dette sker ikke blot i barndommen, men også når vi er blevet voksne. Vores sind samvirker med hjernen, og en vigtig effekt af MBSR er, at behandling med terapiformen giver ro i nervesystemet, som jo bor i hjernen og hele kroppen.

MBSR er *et program*, der består af mange forskellige komponenter og redskaber, der hver især har gavnlige effekter. Gentagen udøvelse af mindfulness er med til at forme/omforme hjernen positivt, dvs. at resultaterne af længere tids mindfulnesspraksis faktisk kan aflæses i hjernen. Forskningen viser, at MSBR kan *booste* hjernens funktion og den mediterendes generelle helbred. Disse resultater af MBSR-praksis er generaliserbare.

Når det anføres, at MBSR er et program, er det, fordi MBSR følger den samme struktur, uanset hvor man får behandlingen, som foregår i *grupper*. Der er således tale om et *standardiseret* gruppetræningsprogram, der forløber over otte uger, som regel med 2½ time pr. uge og én længere praksisdag midt i forløbet.

Skønt MBSR udøves mange forskellige steder, viser det sig, at resultaterne er de samme inden for en pallette af gode effekter. [40]

MBSR og hjernen

Undersøgelser viser som nævnt, at meditation kan ændre hjernens struktur. MBSR har en positiv indvirkning på hjernens funktioner. Således har forskning vist, at vedvarende udøvelse af mindfulness styrker det hjerneområde, der hedder *hippocampus* (et center, der er vigtigt i forhold til hukommelse og emotionel regulering) og samtidigt svækker *amygdala* (et center, der er vigtigt i forhold til stress og emotionel respons). Derved svækkes de oplevede følelser af stress, frygt og uro – hvorimod ro og psykisk velvære opbygges i stedet.

Mindfulness får *den præfrontale cortex* (frontallapperne) til at vokse og blive mere aktiv. Denne udvikling understøtter bedre evne til impulskontrol, planlægning, emotionel ligevægt og problemløsning.

Interoception

Ligeledes indvirker MBSR positivt på hjernens *insula*, som styrer *interoception,* hvilket er evnen til at have en indre fornemmelse af sin egen krop – med andre ord: *selvkontakt.* Qua *interoception* tolker vi og oplever vi via vores krops indre signaler. Med MBSR kommer den enkelte i dybere kontakt med kroppen, ja, man kan sige med kroppens egen direkte oplevende bevidsthed (dvs. helt uden om mentale programmer, skemaer og fortolkninger).

Ved stress og PTSD er der ubalance i menneskers *interoception* – med fejlfortolkninger til følge og uklar kropsfornemmelse. Mindfulness styrker centrale hjernenetværk, der er knyttet til fokus, følelser, hukommelse og humør.

Dermed sker der en påvirkning af hjernen, når man dyrker mindfulness. Det giver den enkelte en mere afbalanceret evne til at opleve ting samt en bedre evne til at håndtere følelser, tanker og kropslige fornemmelser. *Man så at sige "toptuner" hjernen, så dens* <u>*sunde*</u> *funktioner optimeres.*

Gennem praksis af mindfulness *synkroniseres* krop og sind. Det betyder, at krop og sind kommer til at fungere i samme takt og i samme tid, nemlig *nuet.* Dermed får man som praktiserende en bedre og mere umiddelbar kontakt med *nuet.*

På samme måde som man opbygger og styrker kroppens muskler ved at gå til fitness, kan man styrke hjernens "muskler" ved at meditere og følge et MBSR-program. Det resulterer i en styrkelse af éns kognitive kernefunktioner såsom opmærksomhed, logik, tilstedevær og hukommelse – og der sker en positiv følelsesregulering, der er med til at dæmpe stress, angst, ubalance og uafbalancerede reaktionsmønstre. Alt dette indvirker positivt på vores humør og trivsel.

MBSR er erfaringsbaseret, og der er således videnskabelig *evidens* for, at mindfulness indvirker positivt på menneskers fysiske såvel som kognitive og psykiske helbred. Evidensen stammer fra de praktiserendes mange personlige erfaringer.

Velegnet mod stress
Som det ses af ovennævnte årsager, er MBSR et velegnet redskab til at dæmpe hjernens stressreaktion. MBSR-teknikkerne fremmer hjernens – og derigennem kroppens – afspændingsrespons. Det er derfor, at stressramte mennesker kan have gavn af terapeutisk mindfulness.

Men tingene sker ikke bare af sig selv. Mindfulness er ikke en passivitet. Det er en aktivitet, en mental aktivitet, der kræver tid, intention (eller motivation) og aktiv deltagelse: Aktiviteten går ud på at *lægge mærke* til og *observere* det, der dukker op.

Man kommer i kontakt med sine egne tænkevaner såsom automatiske tanker, fordomme og indgroede overbevisninger. Ligeledes éns trang til at vurdere alting og have en mening om det. Netop dette hele tiden at vurdere og bedømme oplevelser ud fra en dikotomi af godt og dårligt (eller andre parametre) *farver* vores oplevelse af tingene – og samtidigt forhindrer det vores evne til at være neutralt og uanfægtet til stede. Enkelte stressramte oplever, at deres stressbetingede ubehag først forværres. De mærker, at de konfronteres med – og dermed kommer dybere i kontakt med – det, der er svært. Ved regelmæssig praksis af MBSR klinger dette ubehag dog gradvist af. Efterhånden vænner man sig til at kunne være til stede i de stressudløsende tanker og forhold uden trang til at flygte eller undgå. Man oparbejder evnen til nøgtern og neutral tilstedeværelse, og som nævnt evnen til at registrere, observere og opleve. Det kan man anvende til at blive bevidst om, hvad der *trigger* (udløser) det stressbetingede ubehag, der gradvis desensibiliseres.

Alt i alt oplever mange, at regelmæssig mindfulnesspraksis mildner deres stressbelastningsreaktioner, således at de sover bedre, får mere ro, *brain fog* forsvinder – ja, de bliver mere klare i sindet. Selv psoriasis, akne og eksem kan blive reduceret betydeligt (hvis ikke helt) osv.

Mindfulness er en *neutral, ikke-bedømmende* (den praktiserende er et upartisk vidne), *ikke-stræbende* (tålmodighed, ikke forcere, være til stede uden at gøre noget el. presse på), *accepterende* (evnen til at kunne rumme og tolerere) og *ikke-forventende* (giv slip på forventninger) og *ikke-reaktiv* (man skal ikke reagere) praksis.

I løbet af sin praksis kommer man i kontakt med ting, som man måske er vant til at fortrænge. Det kan give overraskelser, og det kan være smertefuldt, men som sagt er formålet, at man lærer at kunne være til stede med sådan et svært tanke- og erfaringsindhold – og efterhånden mister denne type indhold sin skræmmende virkning og magt.

For mange mennesker kan meditation i det hele taget være vanskeligt i begyndelsen. Det er en kendsgerning, at mange stressramte og andre mennesker har svært ved at sidde stille og finde ro. Men det er netop det, de skal lære. Det er det, MBSR går ud på. Når eller hvis vi mærker udfordringer under MBSR-meditationen, skal vi huske, at netop det, der udfordrer os i mindfulnessmeditationer, er det område, hvor vi kan lære allermest.

Regelmæssig praksis

Regelmæssig praksis sætter den praktiserende i stand til at se indholdet i vedkommendes tænkning, dvs. blive bevidst om egen tænkning.

Praksis vil ligeledes medføre, at følelser eller tilstande såsom stress, angst, depression, sorg, vrede osv. opløses og erstattes med umiddelbar indre fred, harmoni, ligevægt glæde og kærlighed. *Ligeledes opleves en styrkelse af nærvær, fokus, koncentration og uforstyrrelighed.* Sammenlagt styrkes helbredet og immunforsvaret. På denne vis giver MBSR en tiltrængt håndsrækning til alle, der har brug for at lindre og reducere symptomer på stress.

Hvem kan deltage?

Det gode er, at det ikke kræver nogen forudsætninger at deltage. Dog anbefales mennesker med svær psykisk sygdom (f.eks. psykoser, skizofreni og mani), suicidal fare eller heftigt misbrug af rusmidler ikke at forsøge sig med MBSR.

Mere om MBSR's oprindelse

Udviklerne af behandlingsprogrammet, Jon Kabat-Zinn m.fl. forklarer dette om mindfulness og MBSR's oprindelse:

> Mindfulness handler om at være fuldt bevidst om, hvad der sker i nuet øjeblik, uden filtre eller dømmekraftens linse. Det kan anvendes i enhver situation. Sagt ganske enkelt består mindfulness i at opøve bevidsthed om éns sind og krop – og leve her og nu.
>
> Mens mindfulness som praksis er historisk forankret i gamle buddhistiske meditative discipliner, er det også en universel praksis, som enhver kan nyde godt af. Og dette at være nærværende og opmærksom er faktisk et vigtigt begreb i mange spirituelle traditioner, herunder buddhisme, kristendom, hinduisme, islam, jødedom og taoisme. På sanskrit er det kendt som *smrti*, fra grundordet *smr*, der betyder "at huske" – og på pali, det sprog de tidligste buddhistiske skrifter er affattet på, kendes det som *sati* (dvs. mindfulness, bevidst nærvær). [41]

MBSR kan anvendes effektivt som terapeutisk behandling mod stresstilstand, symptomer på stress og mod lav stresstærskel. Det anvendes på psykologiske klinikker, mindfulnesscentre, hospitaler, på visse arbejdspladser og i skoler. Desuden i fængsler, hvor behandlingen anvendes til at skabe afslapning og afstresning hos "almindelige" indsatte såvel som hos mere hærdede kriminelle med ringe impulskontrol og megen vrede, som føler stor gavn af denne form for terapi, og som ønsker at komme tilbage til et liv med ro og uden kriminalitet. I det hele taget kan *næsten alle* mennesker have gavn af afstresning og afslapning ved hjælp af MBSR, der generelt kan fremme *den mentale sundhed* og *det psykiske og fysiske overskud* hos ellers raske personer. Der er dokumenterede effekter.

Det personlige overskud kan give den mediterende mere klarhed og energi til at prioritere hverdagens mange gøremål – derhjemme såvel som på arbejdet, hvis man har et arbejde eller ikke er sygemeldt.

At være neutralt til stede

I sin essens er mindfulness en opmærsomhedsøvelse. Den går ud på *at være bevidst til stede i det, som jeg foreslår at kalde "i éns eget sindsrum"* uden at lade sig distrahere af noget udefrakommende (f.eks. lyde) eller noget indefrakommende (f.eks. sorg).

Det går ud på, at den mediterende skal opøve evnen til at være til stede sammen med de tanker, minder, impulser, indre mentale tilstande og kropsfornemmelser, der opstår. Vedkommende skal dermed observere sine egne *tankemønstre* ved at lægge mærke til egne tanker og evt. de følelser og reaktioner, som disse kan være ophav til. Med andre ord: Personen skal fornemme og registrere alle disse tanker, følelser og reaktioner *helt neutralt* uden at bedømme dem og uden at knytte sig til dem, dvs. uden modvilje eller velvilje.

En anden central ting ved MBSR er, at fokus ikke er på stresssymptomer og sygdom, men på den mediterendes eget forhold til disse. Dermed flyttes opmærksomheden til éns forholden sig til egen lidelse. Det er et vigtigt kognitivt element, fordi man opøver evnen til at opdage og iagttage negative tankemønstre, når de opstår, samtidigt med at man udvikler evnen til at flytte opmærksomheden væk herfra – væk fra sin egen lidelse. På denne måde lærer man efterhånden at kunne regulere sine tanker, følelser og reaktioner.

Således kan terapeutisk mindfulness blandt andet være med til at reducere *rumination* (overtænkning, tankemylder), stress og bekymringer – og behandlingen kan være med til at give den mediterende en venligere og mere accepterende indstilling over for sig selv og andre – samt over for de ting, vedkommende oplever i sin hverdag.

Ikke bedømme

Når der ovenfor står, at man ikke skal dømme eller bedømme sine oplevelser under meditationen, er det fordi, man skal lære at kunne være sammen med indholdet og blot betragte det uden at bedømme det. Jon Kabat-Zinn, der har udviklet MBSR-programmet, forklarer dette:

...en ikke-dømmende holdning er så vigtig, hvis vi skal se forbi de automatiske og normalt u-undersøgte ideer og meninger, vi har om stort set alt. Når man begynder at være opmærksom på, hvad der er i éns sind opdager man hurtigt, at dybest set alt er en dom af den ene eller anden art. Det er godt at være opmærksom på dette. Der er ingen grund til at dømme eller forsøge at ændre det. Bare at se det er nok. Så kan sand skelneevne opstå og klarhed: at se tingene,

som de er. Ikke-vide er beslægtet med ikke at døm-
me (...) så kan vi være åbne over for at se tingene
med friske øjne. [42]

Et andet sted skriver Jon Kabat-Zinn imidlertid dette om
at vores ubændige trang til at dømme:

> Når du finder sindet dømmende, behøver du ikke
> stoppe det fra at gøre sådan. Det eneste, der kræves,
> er at være opmærksom på, at det sker. Der er ingen
> grund til at dømme det at du dømmer... [43]

Således lægges der ikke op til, at man skal dømme eller
fordømme sin trang til at dømme og vurdere, men man
skal være opmærksom på det, når man gør det. Men det
er klart, at det på længere sigt er ønskeligt, at al denne
dømmen og bedømmen ophører, således at man kan
være mere *neutralt* til stede.

Habituering
Den bevidste fokusering på og den bevidste væren til
stede i nuet øger den mediterendes følsomhed og be-
vidsthed over for sig selv og omgivelserne. Observation.
Selvobservation. Efterhånden sker der en *habituering*
(tilvænning), hvorved det, der almindeligvis *trigger*
vedkommendes stress, bliver mindre stressfyldt og fyl-
der mindre − dvs. personen kan "rumme" mere, fordi

der samtidigt sker en *desensibilisering*, idet oplevelserne efterhånden bliver mindre sensitive.

Dette er vigtigt, da nervesystemet hos stressramte som regel arbejder i et nervøst gear og er ude af balance: Med desensibiliseringen vil der ske en reducering af stresssymptomer. Således er MBSR en yderst velegnet terapiform ved stress – og et uhyre nyttigt redskab for vor tids psykologi, psykoterapi, neurovidenskab med mere.

Vi mennesker er i stor grad "fanget" i et net af *betingede* og *indlærte* sindstilstande. Dette medfører, at vi har en masse automatiske tanker og reaktioner, som kan *trigges* under bestemte forhold. Under mindfulnessmeditation lærer man disse at kende og øger sin bevidsthed om dem. Man øger også sin evne til at navigere i dem. Man lærer at få mere tillid og accept samt at give slip og lade ting være.

Disse ting forklarer, hvorfor MBSR giver stress- og PTSD-ramte virkelig nyttige og velegnede redskaber til at opnå ro og balance i stressede situationer og i al almindelighed. Man får, som nævnt, mere ro på sine tanker og oplever mere positivitet, overskud og glæde.

Ikke-tilknytning

Princippet om ikke at *dømme / bedømme* stemmer meget fint overens med det essentielle i mindfulness *ikketilknytning*. Man observerer sit sind og lader så at sige sindet regulere sig selv. Tanker og emotioner er forbigående som skyerne på himlen; man lader dem gå forbi. Man registrerer godtnok, at de er dér, men man identificerer sig ikke med dem og knytter sig ikke til dem.

Psykologen og videnskabsmanden John Kabat-Zinns (ham der udviklede MBSR) pointe er, at man ikke *er* sine tanker, derfor skal man heller ikke identificere sig med dem. Derimod skal man søge at behandle alle tanker med *neutralitet*, uanset hvilke tanker det er, dvs. uanset om de er "gode" eller "dårlige", "vanskelige" eller andet. Målet er at være mere *groundet i kroppen*, frem for at forankre opmærksomheden i tankerne. Med sin praksis erfarer man, hvordan man kan træne vågenhed sammen med afslapning, og hvordan man kan være forankret et andet sted end i sine tanker, alt imens man lærer at vænne sig til og acceptere sin tænkning. Derfor er det korrekt at sige, at MBSR er en erfaringsbaseret behandlingsteknik, der virker v.hj.a. træning og dens virkning på egen krop og psyke; idet enhver kan gøre sine egne erfaringer. MBSR giver nye måder at knytte an til livet på og opleve tilværelsen på.

MBSR indeholder mere
MBSR indeholder mere end terapeutisk mindfulness-meditation såsom vejrtrækningsøvelser (hvor man forankrer opmærksomheden et andet sted end i tankerne) samt andre typer meditationsøvelser, f.eks. kropsskanning, går ud på aktivt at fornemme sig selv i forskellige kropsdele, én ad gangen. Her fokuserer man systematisk sin opmærksomhed på forskellige områder af kroppen og sanser disse, idet man begynder med tæer og fødder og langsomt bevæger sig opad, til alle områder af kroppen er blevet sanset. Alle øvelser i MBSR virker ind på nervesystemet, der falder til ro. Det skaber *en bedre kropskontakt* og *en bedre kropsbevidsthed* hos

den mediterende. Ligeledes er der i forbindelse med MBSR-programmet åndedrætsøvelser. *Der er tale om guidet meditation; psykologen guider gruppen.*

Lone Overby Fjorback er leder af *Dansk Center for Mindfulness* ved Aarhus Universitet og psykiatrisk overlæge ved Aarhus Universitetshospital. Ifølge hende er MBSR en billig og *nem-at-gå-til* behandlingsmåde, og der er videnskabeligt dokumenterede positive effekter af behandlingen, eventuelt i kombination med anden terapi og medicin. Fjorback har selv behandlet langt over 1.000 patienter. De har ofte været syge eller plaget af smerter i kroppen i årevis, og først når alle andre behandlingsformer ikke har virket, bliver de tilbudt et forløb i mindfulness. Overlæge Fjorback forklarer: "Vi har patienter, der har været syge i gennemsnitligt 14 år, og som med meget enkle kneb har fået det meget bedre." [44]

MBSR kan med fordel anvendes af mennesker, som for nyligt har oplevet voldsom stress – og ligeledes til PTSD-ramte. Dog til mennesker, der lider af PTSD egner terapiformen *Prolonged Exposure Therapy* sig særligt godt (se → kapitel 15).

På arbejdspladsen
På Dansk Center for Mindfulness ved Aarhus Universitet forsker man i, hvad der sker, når man flytter MBSR-programmet ud på arbejdspladser. Lone Overby Fjorback fortæller til Weekendavisen, ...

...at mindfulnessbaserede interventioner på arbejdspladser kan forbedre trivsel og nedsætte symptomer på stress, angst og depression. Derudover er der indikationer på, at det også kan påvirke arbejdspladsspecifikke mål såsom jobtilfredshed og uciviliseret adfærd på arbejdspladsen. [45]

MBSR på jobbet giver bedre relationer og samarbejds-evner samt bedre koncentrationsevne (evne til uforstyr-relighed) og mentalt overskud hos de mediterende. Fremgang i medarbejderes og lederes trivsel og mentale helbred er alles interesse. Det er til gavn for hele organi-sationen, firmaet, institutionen. Af samme årsager kan MBSR også med fordel anvendes på uddannelsesinstitu-tioner og andre steder, hvor mange mennesker indgår i et samvirke. *Mindfulness henviser til en bevidsthed om, at der altid foregår en form for kognition i vores sind.*

Personlighedsudvikling
Af ovenstående ses det, at mindfulness er et gavnligt og virksomt værktøj til at forandre vores forhold til vores eget sind, fordi det giver os rum til at træde lidt tilbage og iagttage os selv og vores egen tænkning. Det giver os mulighed for ikke at være forankret i vores tænkning og ej heller identificere os med indholdet i denne.

Alt i alt kan mindfulness og meditativ selvobservati-on være med til at *højne vores bevidsthed* og derigen-nem skabe en *nyorientering* i vores liv.

Regelmæssig praksis resulterer bl.a. i…

Selvkontakt
Selvindsigt
Selvaccept
Selvmedfølelse
Selvomsorg

Disse ting opnås ved at søge indre klarhed og lære at lytte grundigt til os selv – og andre. Netop i samværet med andre vil man opleve at være mere til stede og blive bedre til at lytte til og indleve sig i venner og andre mennesker, fordi man er mindre distræt og mindre distanceret eller mentalt fraværende.

Formålet med at praktisere mindfulness forklarer Charlotte Mandrup ganske godt, her:

> Det at være fuldt til stede lige her lige nu. At have alle sanser åbne, at være opmærksom på alle tanker, følelser, sanseindtryk. Uden bedømmelse. Øjeblik for øjeblik. Det at være maksimalt vågen. Maksimalt bevidst. Uden at forholde dig analytisk eller bedømmende til det, du oplever. – Denne tilstand *er* mindfulness! [46]

Når man har erhvervet sig denne evne, vil man opleve, at éns stressniveau falder væsentligt. Man får overskud til at klare arbejde, familie og hverdagens gøremål.

Meditation, åndedrætsøvelser og andre øvelser er godt for helbredet: *Hjernen får ro – og psyken får sindsro.* Åndsfravær og distraktion er typiske måder ikke at være til stede i nuet på. Men målet er at kunne være til stede i nuet. En grundlæggende ro giver evne til at kunne være til stede i nuet. Og nuet er den perfekte *modgift* mod ikke-accept og tilstande som stress, angst og depression.

Terapeutisk mindfulness kombineret med ACT
De fleste vil opleve, at disse to terapiformer går rigtigt godt i spænd, da de supplerer hinanden på en række punkter. En kort gennemgang af ACT er samlet et andet sted i denne bog. Læs derfor mere om ACT i slutningen af kapitel 11.

KAPITEL 14: Terapihave, naturterapi

Man kan bruge naturen som et helle – som et vigtigt middel til at lindre tilværelsen og arbejdslivets stress og jag er naturen. Man kan kalde det for *naturterapi* eller *naturbaseret terapi*. Naturterapi er mange ting, f.eks. at færdes i skov og natur – det er super godt for vores mentale helbred. Det kan være en daglig gåtur i skoven ("skovbadning"), i parken eller ned til vandet.

Afslappede ophold i skoven og i naturen indvirker gunstigt på menneskers nervesystem, og det er fordi aktiviteten i amygdala ("hjernens angstcenter") daler, når man er fysisk tilstede i naturen. Det nedsætter pulsen og bevirker sænket blodtryk samt sænket angstniveau. Det er godt for stress- og PTSD-ramte.

Når man går i skoven, skal man ikke blot bruge den som kulisse. Nej, man skal forbinde sig med naturen, *være mindful til stede* og opleve med alle sine *sanser*, f.eks. lugte til planterne, føle vinden blæse, se farverne, mærke træerne, fornemme roen og høre fuglene synge. Man opsøger ro, afslapning og stilhed i en slags midlertidig tilbagetrækning fra det pulserende hverdagsliv og "omplantes" i den rislende og svalende natur. Det drejer sig om at opholde sig i *det langsomme nærvær i naturen* og i *et andet tempo*. Det behøver ikke kun at være en skov eller strand; det kan være blomstermarker, grønne enge, en æblelund eller en søbred osv. [47]

Man kan også opsøge såkaldte "terapihaver" (aka "naturhaver"), det er naturområder, hvor terapien er sat mere i system. Terapihaver er særlige haver og naturområder beregnet på behandling i form af "naturterapi" af uddannede psykologer og terapeuter.

Måske *er* de forskellige haver anlagt som terapihaver – eller det drejer sig om eksisterende haver, der er ombygget til et terapeutisk formål, hvor man f.eks. kan lave åndedrætsøvelser; fordybe sig i naturens skønhed og i botanik; dyrke meditation og mindfulness og meget andet. I terapihaver får stressramte mulighed for at træne afslapning side om side med deres koncentrationsevne qua kontakten med naturen.

Desværre er det muligvis først, når mennesker bliver stressede og udbrændte, at de for alvor blive bevidste om naturens betydning for os mennesker. Ved at opsøge og opholde sig i den friske luft og den ro og fred, som man kan finde i naturen, oplever de en gavnlig virkning på krop og sjæl. Det giver lindring og virker afstressende. Ja, det er direkte healende og regenererende for psyken, ikke mindst hvis man befinder sig i en stresstilstand.

Nuvel, én gåtur i skoven eller på stranden er ikke nok til at kurere et stresssammenbrud, men regelmæssige ophold hjælper én godt på vej.

Det har vist sig, at det er yderst sundt og beroligende – og ikke mindst helbredende –for stressramte og andre at lade sig omgive af natur. De fleste oplever øget velvære ved at opleve sig selv i tæt forbundethed med naturen, og som nævnt kan man måle naturens fordele ved at éns hjernebølger sænkes samt puls og blodtryk ligeledes efter nogen tids ophold. For stress og angstramte (herunder PTSD-ramte) kan naturen derfor fungere som en rar og tryg base, hvor man ufarligt kan regenerere og komme til kræfter, psykisk og fysisk.

Plus det giver en god *grounding* (altså psykisk og kropslig jordforbindelse). Ligeledes er det lærerigt at følge årets gang og cyklus på tæt hold – det giver mening på et dybt organisk plan, som man blive medvidende til, når man færdes meget i naturen. Formålet med naturterapi er således at lære stressramte at leve et liv i mere balance og genoplade deres energiniveau og give deres kognitive system og psyke tiltrængt ro.

I Sverige har man arbejdet med terapihaver i en del år; meget længere end i Danmark. Svensk forskning viser, at terapihave har gavnlige effekter på stressramte: 98 procent af de stressramte brugere angav, at deres livssituation er forbedret, og tre ud af fire af de stressramte kom i job igen. Det er derfor sundt at få frisk luft og naturoplevelser ind i dagligdagen. [48]

Journalist Susanne Jølck fortæller følgende i Fyns Amts Avis:

> At natur, planter og dyr kan have en terapeutisk virkning på syge eller svagelige mennesker, har man vidst i generationer. Alligevel er der langt mellem egentlige terapihaver herhjemme, hvorimod svenskerne i mange år har brugt den særlige terapiform til behandling og lindring af for eksempel stress og udbrændthed, demenssygdomme og kroniske smerter. [49]

Personcase: Rikke Lentz

Rikke Lentz er blomsteravler og driver den socialøkonomiske virksomhed "Brede Havekiosk" på det økologiske landbrug "Mangholm". Efter et stresset arbejdsliv som socialrådgiver har hun siden 2017 drevet sin virksomhed i Nordsjælland. Hun oplevede som socialrådgiver, at det offentlige system ofte giver klienterne stress pga. formalisme og en overflod af regler og mere kan virke som en begrænsning end som en åbning for klienterne. Hun kørte træt i sit arbejde. Hun fortæller:

> I mit arbejde som socialrådgiver bar jeg ofte rundt på en masse tunge historier, og jeg opdagede en stor glæde ved at gå ud i min nyttehave og koble af. Jeg tror bare, at jeg er draget af blomsternes skønhed og taknemmelighed for, at der ikke skal særlig meget til, før de trives og gror. I virkeligheden er jeg nok lidt en hobbit, der helst bare vil gå for mig selv i marken. [50]

Rikke Lentz har stor brug for at bruge naturen som "et sted til at genfinde sig selv". Nu leder hun dette sted, ikke kun for sin egen skyld, men også for mennesker, der døjer med stress, depression og andre ting. De kan komme i praktik på stedet og genfinde sig selv i arbejdet med naturen og blomsterne.

Gradvis opstår der flere terapihaver i Danmark. I foråret 2024 åbnede en terapihave ved Mariebjerg Kirkegård i Gentofte Kommune – den tredje kommune i Danmark, hvor der er åbnet en terapihave.

Terapihaven Nacadia

Kognitiv psykolog Dorthe Djernis er ledende haveterapeut i Danmarks første terapihave, *Nacadia,* der er beliggende i Hørsholm. Hun fortæller følgende om, hvad brugere ville kunne få ud af et ophold i en terapihave. Det handler om en oplevelse af *soft fascination*:

> Når man er stresset, går man typisk igennem en skov uden at lægge mærke til den, men her træner vi opmærksomheden: at dufte, sanse og lytte til og mærke naturen. Deltagerne opdager skovens lys,

lydene, skyggerne og det rige dyreliv i græsset og skovbunden. Det er med til at gøre personen mere nærværende og bedre i stand til at mærke sig selv.
51

Personcase Pernille [52]

Pernille arbejdede som pædagog i en ret krævende stilling på et bosted, som var en døgninstitution med udadreagerende beboere. Efter længere tids stress kom hun til psykolog, men behandlingen hjalp ikke rigtigt. Hun har senere indset, at grunden til at det ikke hjalp var, at hun på det pågældende tidspunkt egentligt ikke var klar til at tage terapien ind.

Ti år senere gik hun for alvor ned med stress, bl.a. forårsaget af alvorlig sygdom og en bortoperation af livmoderen. Det satte sig tunge spor i kroppen og psyken. Der var mange undertrykte følelser, opdagede hun. Hun indså, at hun måtte konfrontere sin frygt og andre fortrængte følelser. En dag læste hun om haveterapi og fik mod på at prøve det. Hun tog kontakt og var heldig hurtigt at blive en led i et forskningsprojekt i Hørsholm, hvor terapihaven Nacadia indgik som del af forskningen i behandlingen af stressramte.

Pernille forklarer: "Naturen er et sted, hvor vi kan finde ro. Naturen stiller ikke krav, den dømmer os ikke, og vi skal ikke være på en bestemt måde – den modtager os, som vi er. Der er en ro i naturen, som man bare ikke finder andre steder...".

Citatet viser, at en terapihave kan hjælpe stressramte med at være stille til stede som sig selv. Det kan give ro og få én til at føle sig rummet og tryg uden ydre pres og forventninger.

179

Pernille har nu for længst forladt sit stressende job på døgninstitutionen. Efter sit eget terapiforløb i Hørsholm tog hun på Aarhus Universitet uddannelsen i MBSR (altså *mindfulnessbaseret stressreduktion*, der uddybes i kapitel 13). Med de redskaber, som hun har fået som klient i naturhaven og uddannelsen i MBSR, er hun gået sammen med tre andre om at skabe og drive en fredfyldt terapihave i Hellebæk uden for Helsingør.

Denne terapihave hedder "Naturhaven – en have for stressramte", og her har Pernille og hendes kolleger i idylliske rammer siden 2020 ydet hjælp til stressramte og andre med udgangspunkt i guidet mindfulness, meditation og stillevandringer i naturhaven – dvs. at naturen danner rammen om terapien. Haven er særdeles idyllisk beliggende i en skov i en lille lysning ned til en sø, der fremmer ro, lise og helbredelse af psyken.

Opsummering
Man kan finde en stor ro i naturen. Naturen og terapihaver er velegnede til stressbehandling. Dette at komme ud og *være* og *færdes* i naturen, hvor man ikke skal tænke på noget, ikke skal have 1000 bolde i luften på én gang, og hvor man for en tid kan opholde sig i et andet element langt væk fra deadlines og andre krav oplever de fleste som velgørende, hvis de kan hengive sig til stedet og situationen.

Samtidigt arbejder naturterapi med forskellige hjælpsomme teknikker, der er med til at skabe stressreduktion.

Alle kender FOMO, men langsomhed og dette at opholde sig i naturen langt væk fra det, man plejer at lave og være involveret i, vedrører "begrænsningens kunst", der forkortes JOMO efter engelsk *the Joy Of Missing Out.*

Alle disse ting, som bringer én væk fra dagligli-vet og ind i et nyt element med mulighed for naturtera-pi, kan udgøre en mærkbar forskel for menneskers stressniveau, livsglæde og livsmod. Gennem terapiøvel-ser og andre aktiviteter i naturen kan stressede menne-sker og PTSD-ramte finde ro og fællesskab – samt gen-finde selvværd og livsmod.

KAPITEL 15: Prolonged Exposure Therapy

Prolonged Exposure Therapy (forkortet PE) ligger inden for paradigmet af kognitiv psykologi og er en udkrystallisering af kognitiv adfærdsterapi (CBT) i retning af en terapiform, der især er egnet til behandling af PTSD-ramte terror- og torturofre, krigs- og katastrofeoverlevende, voldtægtsofre m.fl. *med tunge og massive traumer, der kun svært lader sig helbrede,* hvorfor vedkommendes PTSD er blevet kronisk. Vi husker, at PTSD er en udpræget *stresslidelse* (jfr. kap. 6).

PE er grundlagt omkring 1991 af Edna Foa, født i Haifa i Britisk Palæstina i 1937. Hun har været professor på University of Pennsylvania og har især arbejdet med angstlidelser. PE er en effektiv, evidensbaseret terapiform og er derfor meget anerkendt af sundhedsmyndighederne i USA og andre lande – og nu også af sundhedsmyndighederne i Danmark.

Hårdnakkede vaner

Udgangspunkt for PE er, at tankemæssige, følelsesmæssige, kropslige fornemmelser og adfærdsmæssige elementer samt symptomer hænger meget nøje sammen. Psykologen arbejder bl.a. med psykoedukation, som er undervisning af klienten og evt. pårørende i, hvordan PTSD-syndromet virker psykologisk set.

Syndromer som PTSD er kendetegnet af hårdnakkede vaner, som er svære at komme af med, hos PTSD-ramte kan det f.eks. være *sikkerhedsadfærd* og *undgåelsesadfærd* (f.eks. undgåelse af større menneskemængder). Undgåelsesadfærd virker som en forstærkning, således at det problem, som ligger til grund for syndromet og dets forgreninger, vedligeholdes og eventuelt forstærkes.

PTSD-ramte kan ofte ikke selv stoppe deres tanker og reaktioner; de spekulerer måske dag og nat, og deres alarmberedskab kører 24 timer i døgnet. Men de kan få hjælp af forskellige terapiformer, ikke mindst PE, der synes at være særligt velegnet til dette formål.

Gode resultater
PE opnår gode resultater, og denne kognitionsbaserede terapiform har faktisk vist sig at kunne forbedre den psykiske sundhed *væsentligt* hos ca. mellem 70 og 80 % af de klienter, der søger behandling med PE for kronisk PTSD. Desværre er der også nogle PSTD-ramte, som ikke oplever lige så stor effekt.

Sessionerne med PE foregår almindeligvis én gang om ugen i 8-16 uger, hvor hver session har 90 minutters varighed – eventuelt med senere opfølgninger efter nogen tid. Dermed foregår PE længere end CBT, der oftere foregår over 6-10 sessioner af 50 minutters varighed.

PE ønsker (ligesom CBT) at bryde undgåelsesadfærd, men forskellen på PE og CBT er, at PE i særlig grad insisterer på at arbejde med *eksponering* for de angstvoldende og gruvækkende situationer, forestillinger og tanker – kaldet *stimuli* (og her må læseren meget gerne associere til *Pavlovs hundeforsøg*, eller google det) – som den PTSD-ramte sædvanligvis frygter og forsøger at undgå. Med andre ord: Klienten skal konfrontere sin frygt (*eksponering*), hvilket jo i sagens natur kan være yderst ubehageligt!

Eksponering

Dette arbejde er, må det fremhæves, ganske langtrukkent og møjsommeligt, med det er nødvendigt for at komme til bunds i den PTSD-ramtes urtraume og dets forgreninger udi tanker, følelser, kropslige fornemmelser og adfærd. Dog foregår terapien i et tempo, som klienten har indflydelse på, så vedkommende ikke lige pludseligt føler sig i frit fald. Klienten lærer også vejrtrækningsteknikker for bedre at kunne rumme at være i angsten.

Arbejdet med denne del i PE er ganske vedblivende og insisterende med det formål at *udslukke* adfærden og derigennem omstrukturere de bagvedliggende tankeprogrammer, der udløser adfærden og vedligeholder PTSD-symptomerne. Der er derfor tale om *forlænget* eller *langvarig eksponering,* hvilket navnet på terapien "prolonged" også angiver.

Bevidsthedsgørelse er et grundelement i mange terapiformer, også i langvarig eksponeringsterapi. Her drejer det sig f.eks. om, at klienten får indsigt i sine vaneprægede tankemønstre og lærer at vurdere dem objektivt i forhold til, hvorvidt de er hensigtsmæssige, realistiske og frem for alt retvisende.

Terapeuten arbejder med at identificere og omstrukturere bagvedliggende negative automatiske tanker, der er virksomme i syndromet. Dette sker ikke mindst i seancerne med eksponering.

Grundlæggende set er formålet at behandle klienters traumatiske oplevelser for at mindske eller fjerne symptomer. Terapiformen består af en skridt-for-skridt metode, hvor man følger en bestemt rækkefølge i en manual. Manualen guider terapien ift. eksponering, dvs. der inddrages gradvist både *forestillede* (dvs. i tankerne) og *in vivo* (dvs. på fysiske steder) tilfælde af *eksponering* for at aktivere og omforme traumahukommelsen og det, der trigger angsten – samtidigt med at klienten objektivt set er i *sikkerhed* og føler sig *tryg* – og er bevidst om dette faktum.

Når der står "gradvist", er det fordi psykologen følger et "eksponeringshierarki", dvs. en bestemt rækkefølge, der er *tilpas* i forhold til at gå gradvist frem med konfronteringen af frygt og andre problemvoldende stimuli.

Her skal det bemærkes, at den *emotionelle* frygtkomponent er særdeles udtalt hos PTSD-ramte, der i det hele taget oplever forhøjet emotionalitet. Frygtkomponenten er meget mere udtalt ved PTSD end f.eks. ved OCD og tandlægefobi, hvor frygt også er et grundlæggende element (de er alle angstlidelser). Frygt udgør grundpillen i *undgåelsesadfærd*.

Den PTSD-ramte skal gennem langtrukken eksponering lære at turde at nærme sig og *dvæle ved* de negative følelser og traumatiserende oplevelser.

Målet er *desensibilisering* af de angstudløsende faktorer ved at tænke på eller gøre det, klienten nærer angst for, fordi det vækker angsten og får de traumatiske erindringer til at koge op – men gennem PE-terapien kan denne type symptomer mindskes betydeligt. PTSD-ramte skal gennem *egen erfaring* opbygge den realistiske og kropslige viden, at traumerelaterede minder og følelser ikke er farlige og ikke behøver at blive undgået.

Dybtliggende antagelser og emotioner såsom skyld og skam, fortrydelse og følelsesløshed (*numbness*) adresseres også under terapien.

Vellykket PE-behandling er ensbetydende med betydelig symptomreduktion og i de bedste af alle tilfælde diagnosetab (dvs. helbredelse).

Bedring af, og helbredelse for PTSD, indfinder sig, når frygtkomponenten og undgåelsesadfærden er blevet så tilstrækkeligt modificerede, at de tidligere problematiske stimuli nu ikke længere fremkalder ekstreme negative reaktioner eller betydninger som før. Der er opstået *desensibilisering*, *tolerance* og *habituering*, og klienterne er nu parate til at "komme tilbage til livet".

Af traumefokuserede terapier tyder forskningen på, at PE yder den mest effektive behandling af kronisk PTSD.

SLUTNOTER – REFERENCER

[1] Charlotte Mandrup: *Mindfulness i hverdagen,* Politikens Forlag, 2008, p. 11.

[2] Jacob Mark: *Fartblind – En beretning om stress, kærlighed og livet i politik*, Gyldendal, 2023, p. 11.

[3] Naja Rod Nielsen & Tage Søndergård Kristensen: "STRESS I DANMARK – HVAD VED VI?". Udarbejdet for Sundhedsstyrelsen, København, 2007.

[4] Maja Lærke Maach: "Stressfravær koster arbejdspladser milliarder hvert år", *DR.dk*, 16.11.2023.

[5] Aaron Antonovsky: *Helbredets mysterium*. Hans Reitzels Forlag, København, 1. udg., 9. oplag, 2000.

[6] Jacob Mark: *Fartblind – En beretning om stress, kærlighed og livet i politik*, Gyldendal, 2023, p. 11.

[7] Gitte Just: "Undgå stress ved at tage kontrol og lytte til din krop", kronik, *Børsen,* 14.07.2024.

[8] Delvis bearbejdet, men inspireret af Miklowitz, D. J., & Goldstein, M. J.: *Bipolar disorder*, USA 1997.

[9] Alexander Christiansen: "Kendt musiker brød sammen i Vejle", *Fredericia Dagblad*, 07.07.2024.

[10] "Ruben Søltoft sætter ord på stressnedtur: Føltes som et nederlag hver morgen", *Se og hør* (Seoghoer.dk), 04.07.2024.

[11] Om stress og stofskifte, læs evt. Else Marie Juhl Thomsen og Inger M. Forbes: *Få styr på dit stofskifte – viden, inspiration og konkrete værktøjer til at blive fri for symptomerne ved for højt eller for lavt stofskifte,* Politikens Forlag, 2022, pp. 82ff.

[12] Jacob Mark: *Fartblind – En beretning om stress, kærlighed og livet i politik*, Gyldendal, 2023, p. 11.

[13] Rebecca Pope-Ruark: Unraveling Faculty Burnout. Baltimore: Johns Hopkins University Press, pp. 5-7.

[14] Laura Kongsmark Schuldt: "Flere mænd søger hjælp for stress, viser tal – 26-årig er en af dem", *TV2.dk*, 21.02.2024.

[15] Bygger bl.a. på Bo Netterstrøm og Thomas Milsted: *Stress i professionsfagene: Hvorfor rammer det så mange så hårdt, og hvad kan vi gøre ved det?*", Forlaget Pressto (*sic*), København, 2022.

[16] Denne sektion bygger på Pipaluk Balslev: "Jurist gjorde op med en syg arbejdskultur og blev rengøringsassistent", *Dagbladet Ringsted*, 06.07.2024.

[17] Mathieu Colinet: " La fatigue de compassion : ces professionnels épuisés à force d'aider", *Le Soir,* Belgien, 29.07.2024.

[18] Morten Romme-Mølby: "Forskere bekymrede over gymnasielæreres stigende arbejdspres", *Gymnasieskolen,* nr. 4, sept. 2024, p. 14.

[19] Morten Romme-Mølby: "Forskere bekymrede over gymnasielæreres stigende arbejdspres", *Gymnasieskolen,* nr. 4, sept. 2024, p. 15.

[20] Overskrift på Berlingske.dk, 28.10.2024, med link til Weekendavisen.

[21] Erna Bojesen Rosenqvist & Mille Olivia Flindt Holkenfeldt Behrendt: "Oplevelse i klasselokale har sat sig dybt i ung vikar – og hun er langtfra alene", TV2.dk, 10.10.2024.

[22] Jesper Gynther: "88 procent af kirurgiske læger har følt sig stresset", *Bornholms Tidende*, 22.07.2024

[23] Ritzau: "Hver tredje bliver kontaktet af deres arbejdsplads i ferien", *TV2.dk*, 27.06.2024.

[24] Pressemeddelelse: Vi tør godt tale om stress på arbejdspladsen, men kun hver tredje mener, at deres leder har kompetencerne til at håndtere stress. Ritzaus Bureau, 10.07.2024.

[25] Søs Rask Andresen og Nanna Paarup: *Hjernepauser*. København: Dansk Psykologisk Forlag, 2015.

[26] Det Nationale Forskningscenter for Arbejdsmiljø: "Forskning viser sammenhæng mellem arbejdsrelateret stress og tidligere kronisk sygdom", *nfa.dk*, 16.06.2022.

[27] Bygger bl.a. på: Daniel Lingren Svendsen og Katharina Andersen: "Soldater bliver syge, når deres moral kommer under pres: Dårlig samvittighed gnaver stadig i Thomas Walther", *DR.dk*, 02.10.2024.

[28] Daniel Lingren Svendsen og Katharina Andersen: "Soldater bliver syge, når deres moral kommer under pres: Dårlig samvittighed gnaver stadig i Thomas Walther", *DR.dk*, 02.10.2024.

[29] Daniel Lingren Svendsen & Katharina Andersen: "En overset skade rammer flere udsendte veteraner. Nu efterlyser forsvarsministeren mere viden", *DR.dk,* 02.10.2024.

[30] Ibid.

[31] Anders C. Østerby og Jeanette Torndahl Fournier: "Dokumentar ripper op i gamle sår: Soldater deler svære minder på veteranhjem", *DR.dk*, 23.09.2024.

[32] Michelle Hansen: "Stress gør os til arbejdsnarkomaner", *Finans, Jyllands-Posten*, 21.02.2015.

[33] Carsten Juul: *Stress dig sund: Et opgør med stressmyterne*. Forlaget Tænksom, 2019, pp. 63-84.

[34] Omar, Tarek: "Det moderne samfund skaber udbrændte og angste borgere" i *Politiken*, 23.08.2014.

[35] Jørgen Flindt: "Anne fik et regulært stresskollaps - men så skiftede hun retning til noget helt andet", *Vejle Amts Folkeblad*, 28.07.2024.

[36] Dette kapitel bygger bl.a. på **a)** Adrian Wells: *Metacognitive therapy for anxiety and depression*, New York og London, 2009; **b)** Julie Dalgas: "Han vil lære dig at undslippe dine bekymringer. De sidste ti minutter af arbejdsdagen er vigtige", *Berlingske*, 15.10.2024.

[37] Carsten Juul: *Stress dig sund: Et opgør med stressmyterne*. Forlaget Tænksom, 2019, pp. 27-28, 162-169.

[38] Ibid.

[39] Amalie Hother Sørensen: "Pernille kæmpede med stress i ti år. En dag besluttede hun sig for at se frygten i øjnene." SN.dk, 20.04.2024.

[40] Jon Kabat-Zinn, Richard J. Davidson og Zara Houshmand: *L'esprit est son propre médecin : le pouvoir de guérison de la méditation*. Guy Saint-Jean Éditeur, Laval, Québec, Canada, 2014, p. 112ff.

[41] Bob Stahl, Elisha Goldstein, Saki Santorelli, Jon Kabat-Zinn: "A Mindfulness-Based Stress Reduction Workbook". New Harbinger Publications, 2010, p. 36.

[42] Jon Kabat-Zinn: *Mindfulness for Beginners – Reclaiming the Present Moment and Your Life*. Sounds True, 2016.

[43] Jon Kabat-Zinn: *Letting Everything Become Your Teacher: 100 Lessons in Mindfulness*. Delta, 2010 [2006].

[44] Mona Samir Sørensen: "Mindfulness er på vej ind i det offentlige system". *Politiken*, 09.05.2015.

[45] Lone Overby Fjorback: "Mindfulness og pseudotrivsel". *Weekendavisen*, 19.04.2024.

[46] Charlotte Mandrup: *Mindfulness i hverdagen*, Politikens Forlag, 2008, p. 10.

[47] Malte Møller Madsen: "Lisa Klint bader i skoven for at reducere stress i hverdagen", *Berlingske*, 13.07.2024.

[48] Trine Vinther Larsen: "Terapihave skal kurere alvorlig stress", *Børn & unge*, 11.04.2013.

[49] Susanne Jølck: "Fuglefløjt og havesysler gavner de stressramte", *Fyns Amts Avis*, 26.04.2015.

[50] Mathias Blenner: "Det er en helt særlig sanselig oplevelse at se et frø spire til blomst for at blive til frø igen", *Kristeligt Dagblad*, 21.07.2024.

[51] Trine Vinther Larsen: "Terapihave skal kurere alvorlig stress", *Børn & unge*, 11.04.2013.

[52] Amalie Hother Sørensen: "Pernille kæmpede med stress i ti år. En dag besluttede hun sig for at se frygten i øjnene." SN.dk, 20.04.2024.

Målet er at være fri af stress!